Tina Kresse, Susanne McCafferty

Willkommen in Deutschland – *lesen und schreiben lernen*

Kurs zur Alphabetisierung für Jugendliche und Erwachsene mit Schreiblehrgang und Ziffernschreibkurs

Das Übungsheft

Lösungen

Mildenberger

Lösungen (Seiten 4–7)

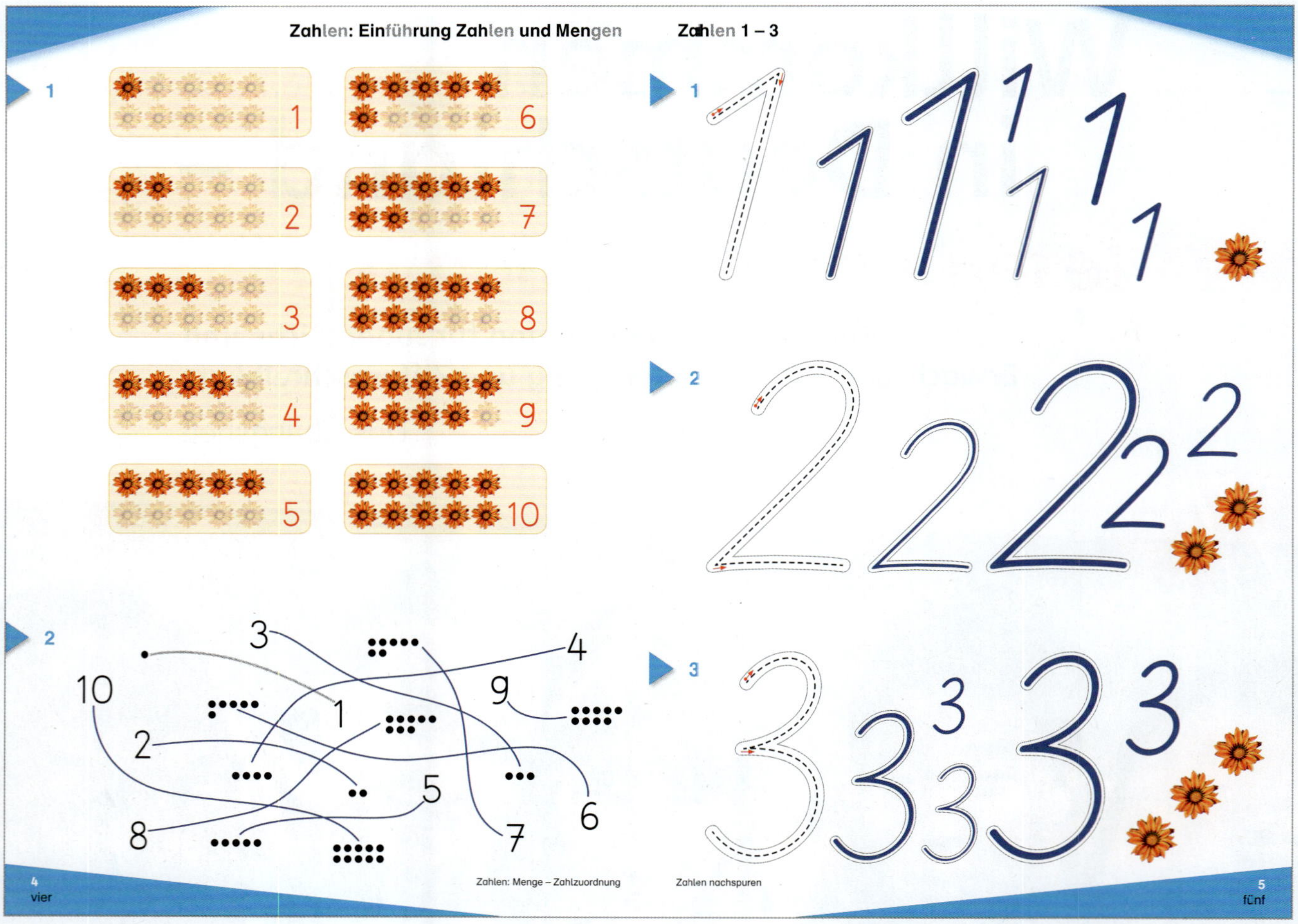

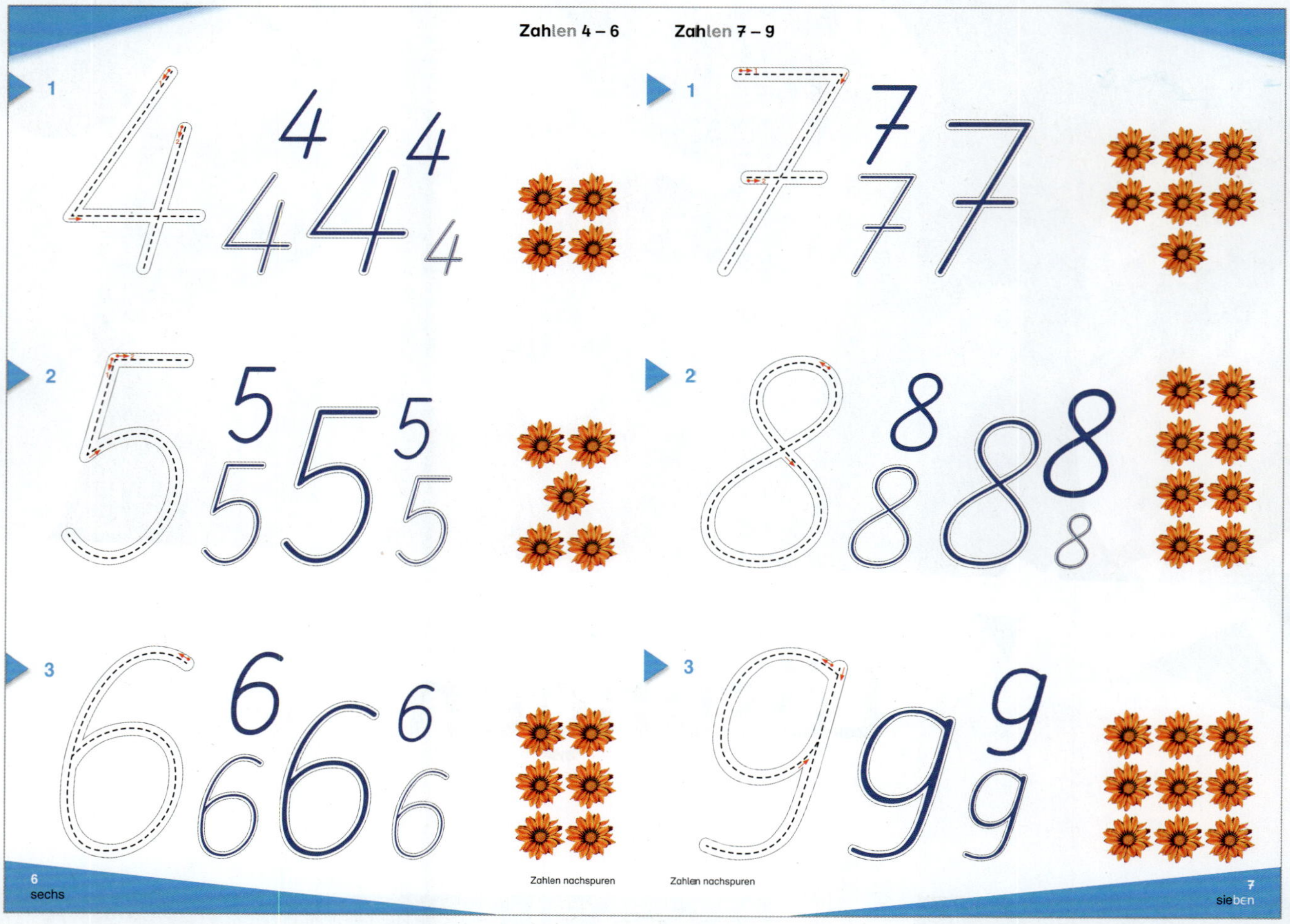

Lösungen (Seiten 8 – 11)

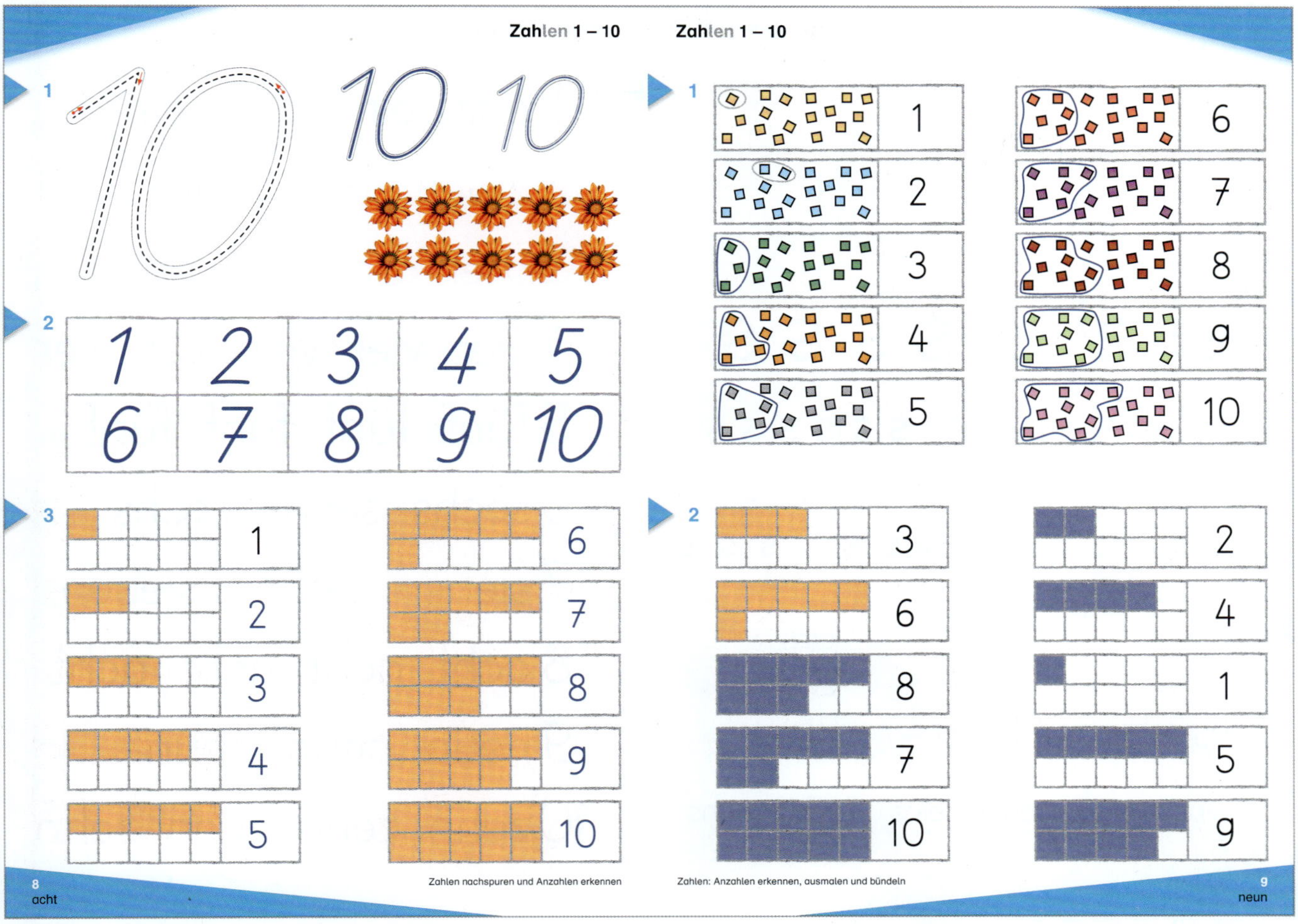

Zahlen 1 – 10

1 10 10 10

2

1	2	3	4	5
6	7	8	9	10

3 1 2 3 4 5 6 7 8 9 10

8 acht

Zahlen nachspuren und Anzahlen erkennen

Zahlen 1 – 10

1 1 2 3 4 5 6 7 8 9 10

2 3 6 8 7 10 2 4 1 5 9

Zahlen: Anzahlen erkennen, ausmalen und bündeln

9 neun

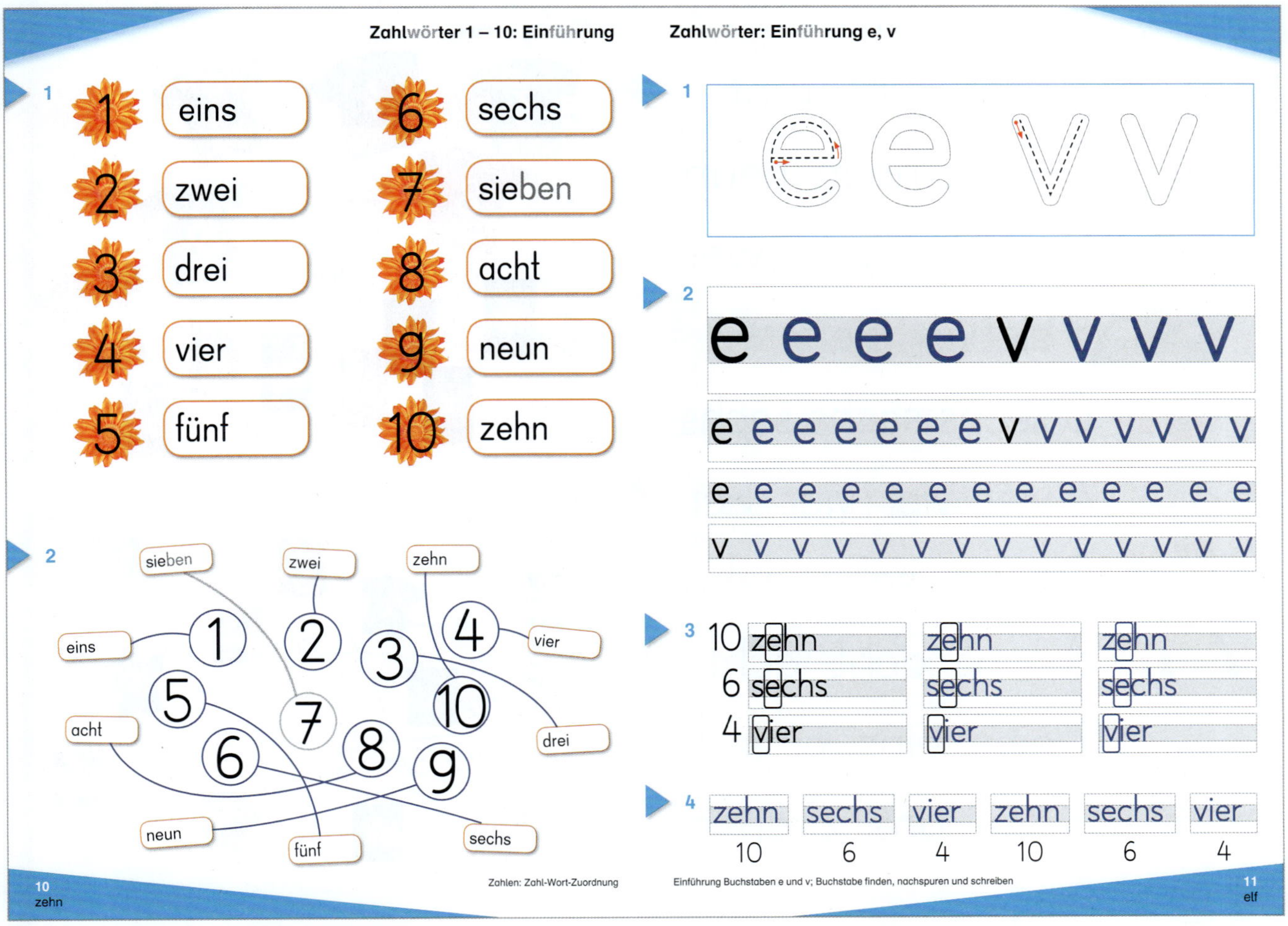

Zahlwörter 1 – 10: Einführung

1

1	eins	6	sechs
2	zwei	7	sieben
3	drei	8	acht
4	vier	9	neun
5	fünf	10	zehn

2 sieben zwei zehn eins vier acht drei neun fünf sechs 1 2 3 4 5 6 7 8 9 10

10 zehn

Zahlen: Zahl-Wort-Zuordnung

Zahlwörter: Einführung e, v

1 e e v v

2 e e e e v v v v

e e e e e e e v v v v v v v

e e e e e e e e e e e e e

v v v v v v v v v v v v v v

3 10 zehn zehn zehn

6 sechs sechs sechs

4 vier vier vier

4 zehn sechs vier zehn sechs vier

10 6 4 10 6 4

Einführung Buchstaben e und v; Buchstabe finden, nachspuren und schreiben

11 elf

Lösungen (Seiten 12–15)

1
ei ei s s

2
ei ei ei s s s s
ei ei ei ei ei ei s s s s s s
ei ei ei ei ei ei ei ei ei ei ei
s s s s s s s s s s s s s s

3
1 eins eins eins
2 zwei zwei zwei
6 sechs sechs sechs

4
eins	zwei	sechs	eins	zwei	sechs
1	2	6	1	2	6

Einführung Buchstaben ei und s; Buchstaben finden, nachspuren und schreiben

1
1 eins eins eins eins
2 zwei zwei zwei zwei
3 drei drei drei drei
4 vier vier vier vier vier
5 fünf fünf fünf fünf
6 sechs sechs sechs
7 sieben sieben sieben
8 acht acht acht acht
9 neun neun neun
10 zehn zehn zehn zehn

Zahlen: Wörter nachspuren

1
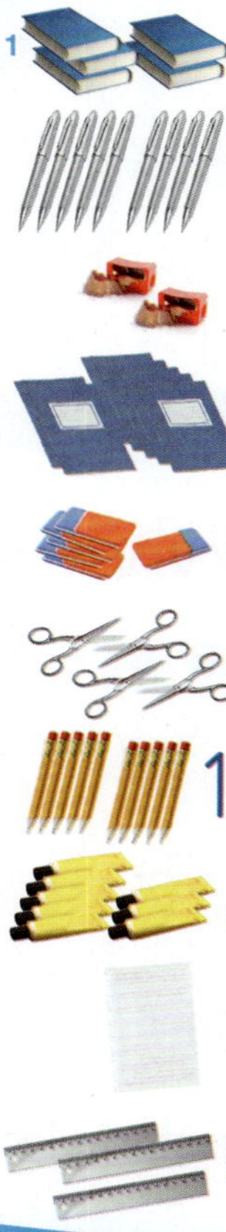
5 fünf fünf fünf
9 neun neun neun
2 zwei zwei zwei
7 sieben sieben
6 sechs sechs sechs
4 vier vier vier vier
10 zehn zehn zehn
8 acht acht acht
1 eins eins eins
3 drei drei drei

Zahlen: Wörter schreiben

1

2

Farben: Wort-Bild-Zuordnung

Lösungen (Seiten 16 – 19)

Farben: Einführung a, au

1

a a au au

2

a a a au au au

a a a a au au au au

a a a a a a a a a a a a a a a

au au au au au au au au au au

3

schwarz schwarz schwarz

braun braun braun braun braun

blau blau blau blau blau blau

grau grau grau grau grau grau

4

schwarz braun blau grau

Einführung Buchstaben a und au; Buchstaben finden, nachspuren und schreiben

Farben: Einführung n, o, b

1

n n o o b b

2

n n n n n n n n

o o o o b b b b

n n n n n n n n n n n n n

o o o o o o b b b b b b

3

braun braun braun braun braun braun

rot rot rot rot rot rot rot rot rot

blau blau blau blau blau blau

4

braun rot blau braun rot blau

Einführung Buchstaben n, o und b; Buchstaben finden, nachspuren und schreiben

Farben: Einführung w, ß

1

w w ß ß

2

w w w ß ß ß

w w w w w ß ß ß ß ß

w w w w w w w w w w w w

ß ß ß ß ß ß ß ß ß ß ß ß ß ß

3

weiß weiß weiß weiß weiß weiß

schwarz schwarz schwarz schwarz

4

weiß schwarz weiß schwarz

Einführung Buchstaben w und ß; Buchstaben finden, nachspuren und schreiben

Farben: Wörter nachspuren

1

blau blau blau blau blau blau

braun braun braun braun braun

gelb gelb gelb gelb gelb gelb

grau grau grau grau grau grau

grün grün grün grün grün grün

weiß weiß weiß weiß weiß

schwarz schwarz schwarz

rot rot rot rot rot rot rot rot

2

grün rot gelb

schwarz blau weiß

braun grau

Farben: Wörter nachspuren

Willkommen in Deutschland –
lesen und schreiben lernen

Lösungen (Seiten 20–23)

1

blau blau blau blau blau blau blau

grün grün grün grün grün grün

gelb gelb gelb gelb gelb gelb gelb

braun braun braun braun braun

schwarz schwarz schwarz schwarz

weiß weiß weiß weiß weiß weiß

rot rot rot rot rot rot rot rot rot rot

grau grau grau grau grau grau

2

1

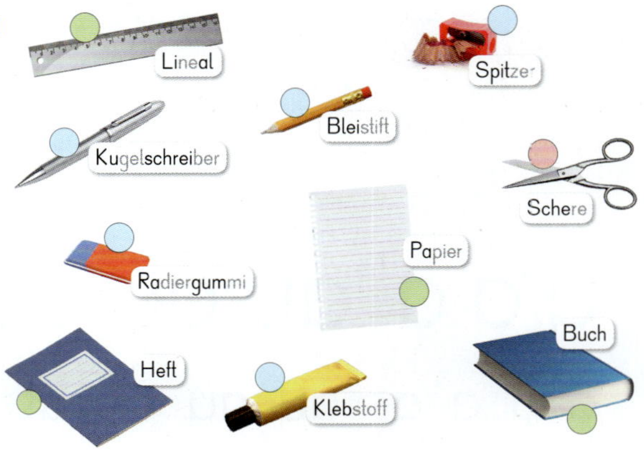

2

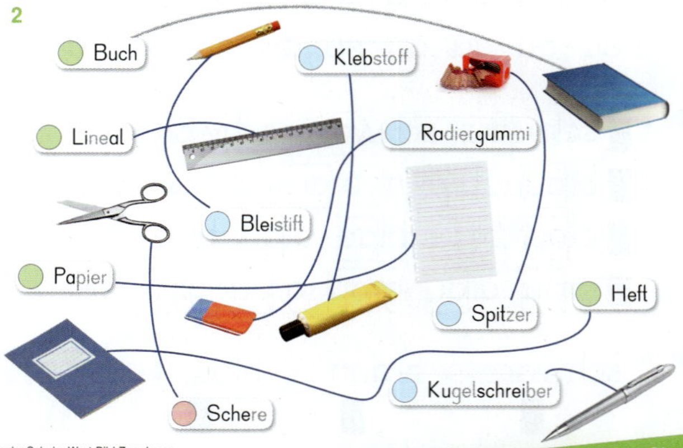

1

B B u u g g

2

B B B B B B B B B

u u u u u u u u u u

g g g g g g g g g g

B B B B B B B B B B B B B B

u u u u u u u g g g g g g g

3

Buch Buch Buch

Bleistift Bleistift Bleistift

Kugelschreiber Kugelschreiber

4

Buch Bleistift Kugelschreiber

1

t t tz tz

2

t t t t t t t t t t t t

tz tz tz tz tz tz tz tz

t t t t t t t t t t t t t t t t t t

tz tz tz tz tz tz tz tz tz tz tz tz

3

Heft Heft Heft

Bleistift Bleistift Bleistift

Klebstoff Klebstoff Klebstoff

Spitzer Spitzer Spitzer

4

Spitzer Bleistift Heft

Willkommen in Deutschland –
lesen und schreiben lernen

Lösungen (Seiten 24–27)

In der Schule: Einführung P, i, ie

1 P P i i ie ie

2
P P P P P P P P P P
i i i i i i ie ie ie ie ie
P P P P P P P P P P P P P P
i i i i i i i i i ie ie ie ie ie ie ie

3
Papier Papier Papier
Lineal Lineal Lineal
Bleistift Bleistift Bleistift
Spitzer Spitzer Spitzer

4 Papier Lineal Bleistift

Einführung Buchstaben P, i und ie; Buchstaben finden, nachspuren und schreiben

In der Schule: Einführung l, sch

1 l l sch sch

2
l l l l l l l l l l l l l
sch sch sch sch sch sch
l l l l l l l l l l l l l l l l l l l l
sch sch sch sch sch sch sch sch sch

3
Lineal Lineal Lineal
Bleistift Bleistift Bleistift
Klebstoff Klebstoff Klebstoff
Kugelschreiber Kugelschreiber

4 Bleistift Klebstoff Kugelschreiber

Einführung Buchstaben l und sch; Buchstaben finden, nachspuren und schreiben

In der Schule: Einführung st, L

1 st st L L

2
st st st st st st st st st
L L L L L L L L L L
st st st st st st st st st st st st st st
L L L L L L L L L L L L L L
L L L L L L L st st st st st st

3
Bleistift Bleistift Bleistift
Klebstoff Klebstoff Klebstoff
Lineal Lineal Lineal

4 Lineal Klebstoff Bleistift

Einführung Buchstaben st und L; Buchstaben finden, nachspuren und schreiben

In der Schule: Wörter nachspuren

1

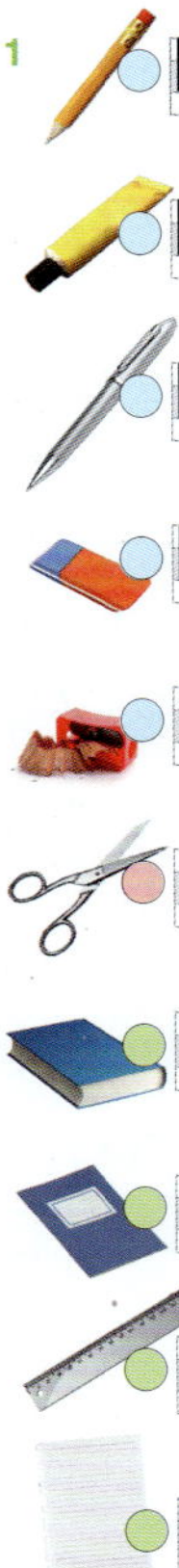

Bleistift	Bleistift
Klebstoff	Klebstoff
Kugelschreiber	Kugelschreiber
Radiergummi	Radiergummi
Spitzer	Spitzer
Schere	Schere
Buch	Buch
Heft	Heft
Lineal	Lineal
Papier	Papier

In der Schule: Wörter nachspuren, Artikel zuordnen

Lösungen (Seiten 28 – 31)

In der Schule: Wörter schreiben

1

Klebstoff	Klebstoff
Buch	Buch
Kugelschreiber	Kugelschreiber
Bleistift	Bleistift
Radiergummi	Radiergummi
Heft	Heft
Lineal	Lineal
Schere	Schere
Papier	Papier
Spitzer	Spitzer

In der Schule: Wörter schreiben, Artikel zuordnen

Zu Hause: Einführung

1

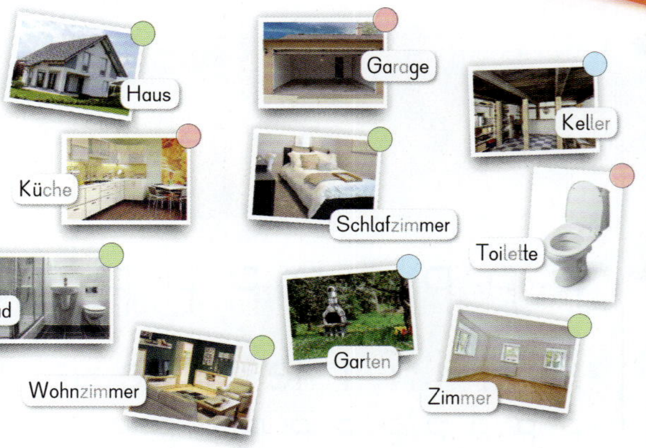

2

Zu Hause: Wort-Bild-Zuordnung

Zu Hause: Einführung Z, z, r

1

Z Z z z r r

2

Z Z Z Z Z z z z z z

r r r r r r r r r r r r

Z r Z r Z r Z r Z r Z r Z r Z r

z r z r z r z r z r z r z r z r

3

Garten	Garten	Garten
Garage	Garage	Garage
Zimmer	Zimmer	Zimmer
Schlafzimmer	Schlafzimmer	

4

Zimmer Schlafzimmer

Einführung Buchstaben Z, z und r; Buchstaben finden, nachspuren und schreiben

Zu Hause: Einführung Sch, G

1

Sch Sch G G

2

Sch Sch Sch G G G

Sch Sch Sch Sch Sch Sch

Sch Sch Sch Sch Sch Sch Sch

G G G G G G G G G G

G G G G G G G G G G G G

3

Garten	Garten	Garten
Garage	Garage	Garage
Schlafzimmer	Schlafzimmer	

4

Schlafzimmer Garten

Einführung Buchstaben Sch und G; Buchstaben finden, nachspuren und schreiben

Lösungen (Seiten 32 – 35)

Zu Hause: Einführung W, H

1 W W H H

2
W W W W W W W W
H H H H H H H H H H
W W W W W W W W W W
H H H H H H H H H H H H

3
Haus Haus Haus
Heft Heft Heft
Wohnzimmer Wohnzimmer

4 Haus Heft Wohnzimmer

32 zweiunddreißig — Einführung Buchstaben W und H; Buchstaben finden, nachspuren und schreiben

Zu Hause: Wörter nachspuren

1
Garten Garten
Keller Keller
Garage Garage
Küche Küche
Toilette Toilette
Bad Bad
Haus Haus
Schlafzimmer Schlafzimmer
Wohnzimmer Wohnzimmer
Zimmer Zimmer

2
Küche / Bad / **Haus**
Wohnzimmer / Garten / Keller
Zimmer / **Garten** / Garage
Küche / Haus / Wohnzimmer

Zu Hause: Wörter nachspuren; Artikel und Wort-Bild zuordnen — 33 dreiunddreißig

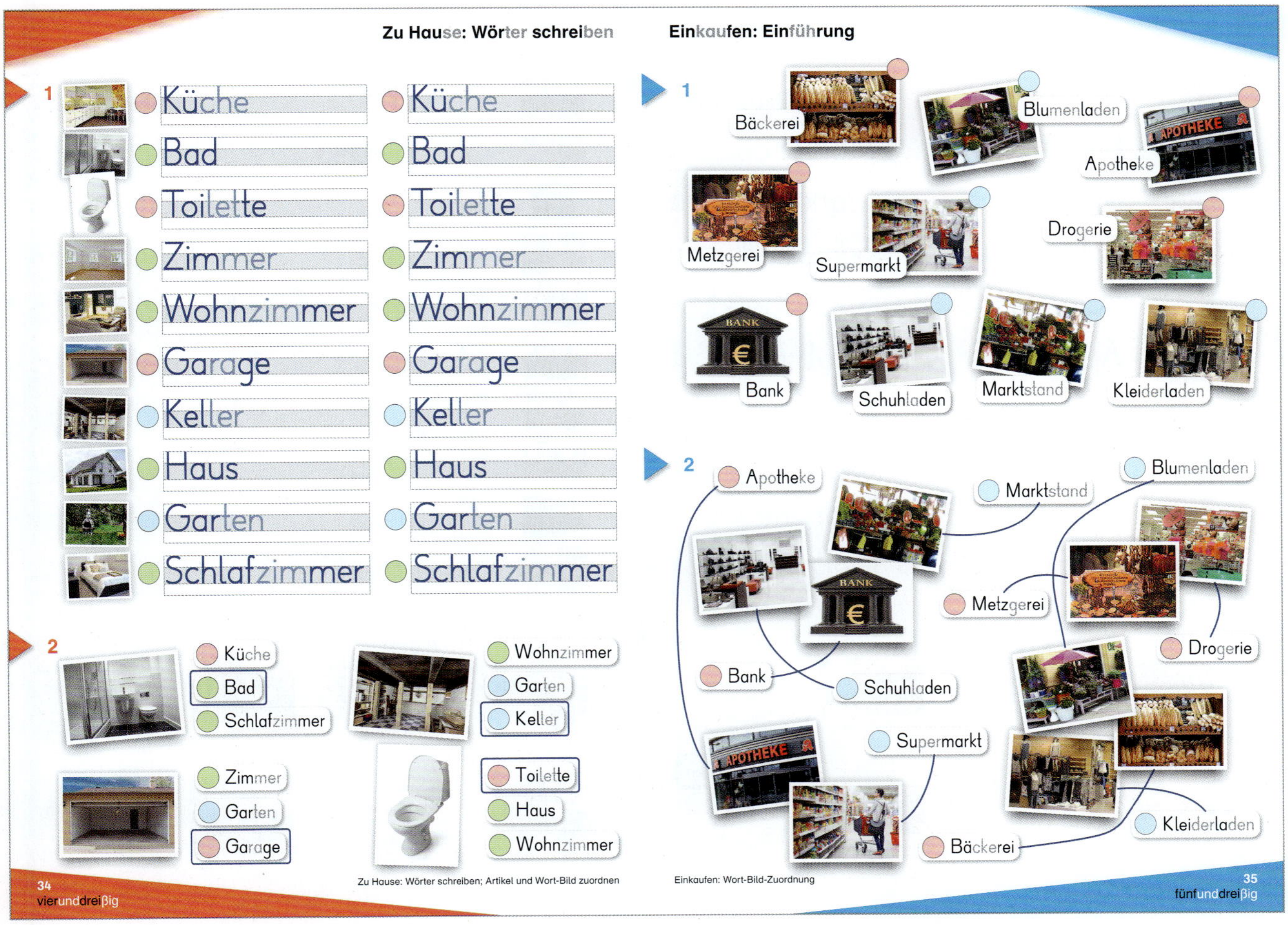

Zu Hause: Wörter schreiben

1
Küche Küche
Bad Bad
Toilette Toilette
Zimmer Zimmer
Wohnzimmer Wohnzimmer
Garage Garage
Keller Keller
Haus Haus
Garten Garten
Schlafzimmer Schlafzimmer

2
Küche / **Bad** / Schlafzimmer
Wohnzimmer / Garten / **Keller**
Zimmer / Garten / **Garage**
Toilette / Haus / Wohnzimmer

34 vierunddreißig — Zu Hause: Wörter schreiben; Artikel und Wort-Bild zuordnen

Einkaufen: Einführung

1
Bäckerei, Blumenladen, Apotheke, Metzgerei, Supermarkt, Drogerie, Bank, Schuhladen, Marktstand, Kleiderladen

2
Apotheke, Marktstand, Blumenladen, Metzgerei, Drogerie, Bank, Schuhladen, Supermarkt, Bäckerei, Kleiderladen

Einkaufen: Wort-Bild-Zuordnung — 35 fünfunddreißig

Lösungen (Seiten 36 – 39)

Einkaufen: Einführung M, k

1 M M k k

2 M M M M M M M M
M M M M M M M M M M M M
k k k k k k k k k k k
k k k k k k k k k k k k k k k k

3 Metzgerei Metzgerei Metzgerei
Apotheke Apotheke Apotheke
Marktstand Marktstand
Supermarkt Supermarkt

4 Metzgerei Supermarkt

Einführung Buchstaben M und k; Buchstaben finden, nachspuren und schreiben

Einkaufen: Einführung D, p, ä

1 D D p p ä ä

2 D D D D D D D D D
D D D D D D D D D D D D D
p p p p p p p p p p p
p p p p p p p p p p p p p p p
ä ä ä ä ä ä ä ä ä ä ä ä ä ä ä

3 Drogerie Drogerie Drogerie
Apotheke Apotheke Apotheke
Bäckerei Bäckerei Bäckerei

4 Drogerie Apotheke Bäckerei

Einführung Buchstaben D, p und ä; Buchstaben finden, nachspuren und schreiben

Einkaufen: Wörter nachspuren

1 Blumenladen Blumenladen
Kleiderladen Kleiderladen
Marktstand Marktstand
Schuhladen Schuhladen
Supermarkt Supermarkt
Apotheke Apotheke
Bäckerei Bäckerei
Bank Bank
Drogerie Drogerie
Metzgerei Metzgerei

2

Bank / Supermarkt / Marktstand

Kleiderladen / Apotheke / Bäckerei

Blumenladen / Metzgerei / Drogerie

Schuhladen / Bank / Supermarkt

Einkaufen: Wörter nachspuren; Artikel und Wort-Bild zuordnen

Einkaufen: Wörter schreiben

1 Bäckerei Bäckerei
Schuhladen Schuhladen
Bank Bank
Metzgerei Metzgerei
Kleiderladen Kleiderladen
Marktstand Marktstand
Drogerie Drogerie
Blumenladen Blumenladen
Apotheke Apotheke
Supermarkt Supermarkt

2

Bank / Schuhladen / Supermarkt

Kleiderladen / Blumenladen / Marktstand

Apotheke / Metzgerei / Drogerie

Bäckerei / Drogerie / Marktstand

Einkaufen: Wörter schreiben; Artikel und Wort-Bild zuordnen

Lösungen (Seiten 40–43)

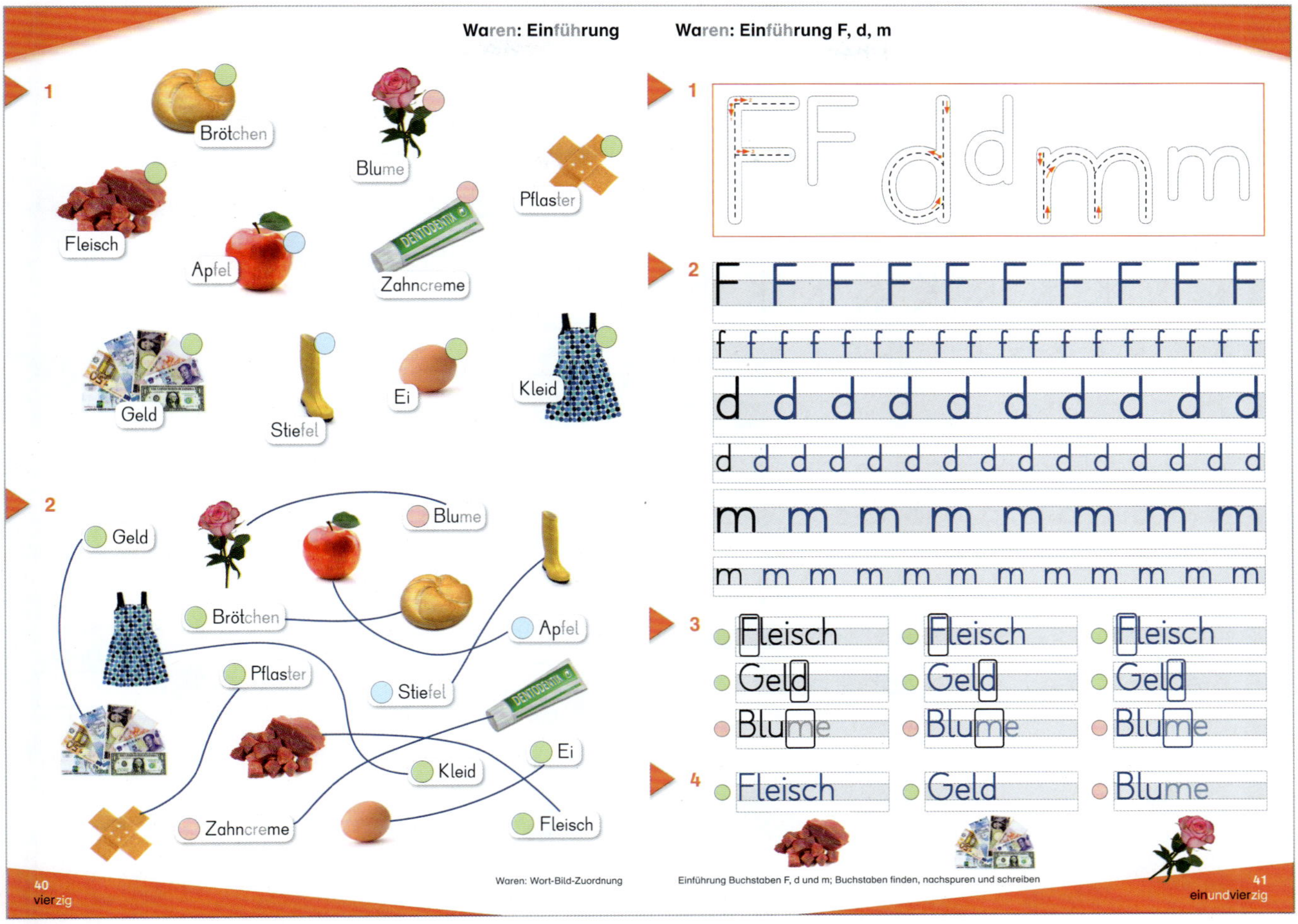

Waren: Einführung

1

Brötchen · Blume · Pflaster · Fleisch · Apfel · Zahncreme · Geld · Stiefel · Ei · Kleid

2

Geld · Blume · Brötchen · Apfel · Pflaster · Stiefel · Kleid · Ei · Zahncreme · Fleisch

Waren: Wort-Bild-Zuordnung

40 vierzig

Waren: Einführung F, d, m

1

F F d d m m

2

F F F F F F F F F F

f f f f f f f f f f f f f f f f f f

d d d d d d d d d d

d d d d d d d d d d d d d d d

m m m m m m m m

m m m m m m m m m m m m

3

Fleisch · Fleisch · Fleisch
Geld · Geld · Geld
Blume · Blume · Blume

4

Fleisch · Geld · Blume

Einführung Buchstaben F, d und m; Buchstaben finden, nachspuren und schreiben

41 einundvierzig

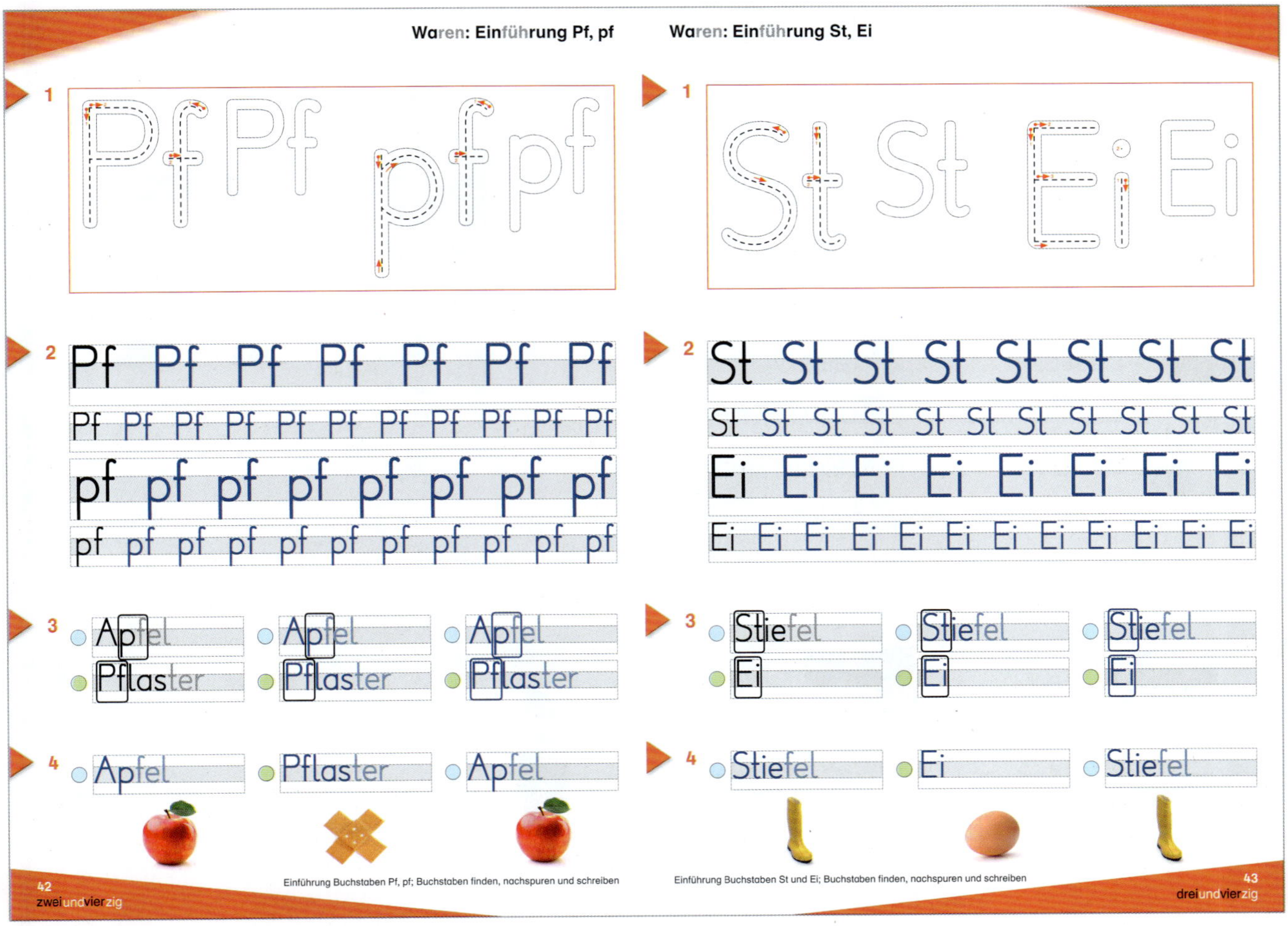

Waren: Einführung Pf, pf

1

Pf Pf pf pf

2

Pf Pf Pf Pf Pf Pf Pf

Pf Pf Pf Pf Pf Pf Pf Pf Pf Pf Pf

pf pf pf pf pf pf pf pf

pf pf pf pf pf pf pf pf pf pf pf

3

Apfel · Apfel · Apfel
Pflaster · Pflaster · Pflaster

4

Apfel · Pflaster · Apfel

Einführung Buchstaben Pf, pf; Buchstaben finden, nachspuren und schreiben

42 zweiundvierzig

Waren: Einführung St, Ei

1

St St Ei Ei

2

St St St St St St St St

St St St St St St St St St St St

Ei Ei Ei Ei Ei Ei Ei Ei

Ei Ei Ei Ei Ei Ei Ei Ei Ei Ei Ei Ei

3

Stiefel · Stiefel · Stiefel
Ei · Ei · Ei

4

Stiefel · Ei · Stiefel

Einführung Buchstaben St und Ei; Buchstaben finden, nachspuren und schreiben

43 dreiundvierzig

Lösungen (Seiten 44–47)

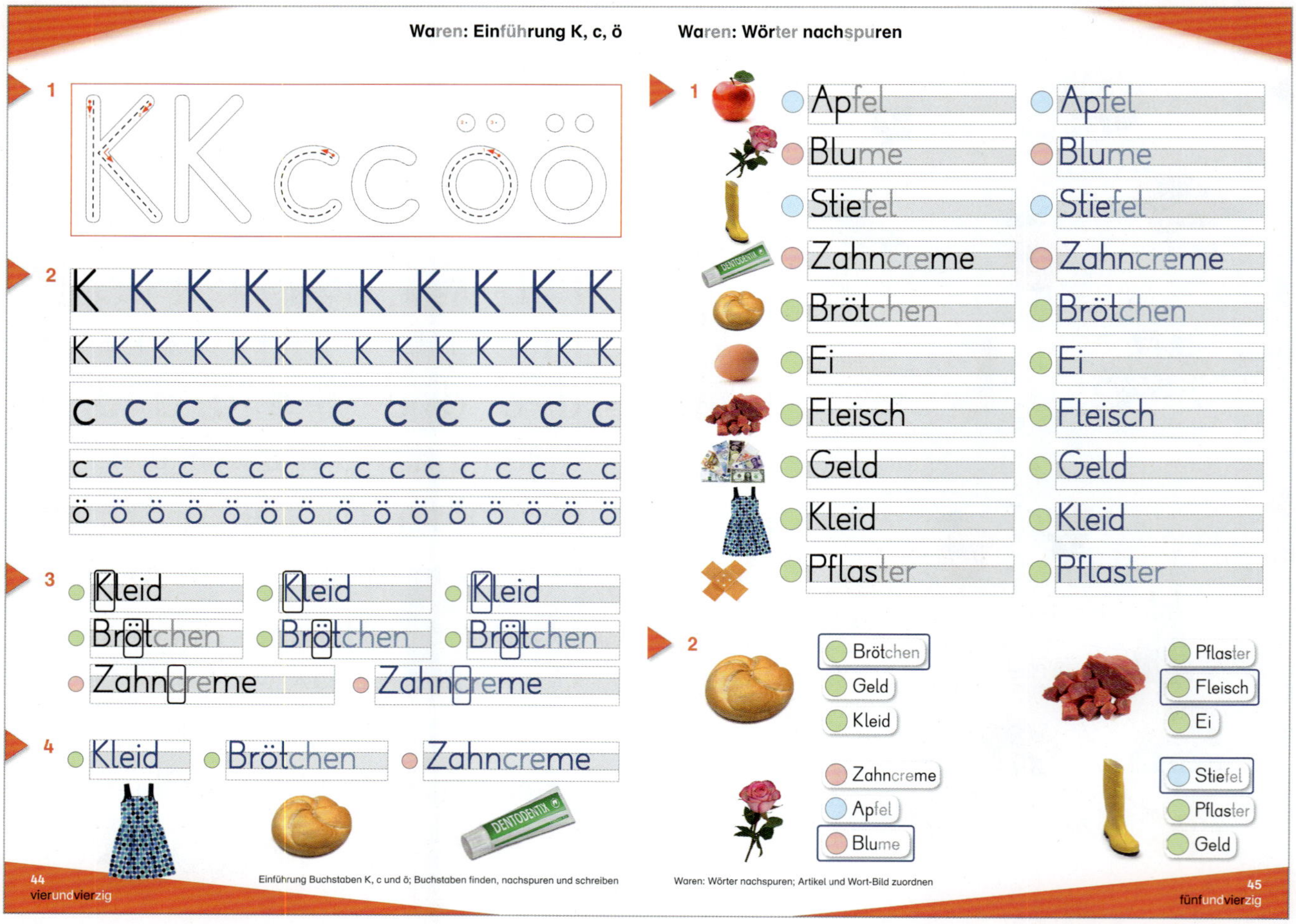

Waren: Einführung K, c, ö

1 K K c c ö

2
K K K K K K K K K K
K K K K K K K K K K K K K K
c c c c c c c c c c c
c c c c c c c c c c c c c c c c
ö ö ö ö ö ö ö ö ö ö ö ö ö ö ö

3
Kleid Kleid Kleid
Brötchen Brötchen Brötchen
Zahncreme Zahncreme

4
Kleid Brötchen Zahncreme

Einführung Buchstaben K, c und ö; Buchstaben finden, nachspuren und schreiben

44 vierundvierzig

Waren: Wörter nachspuren

1
Apfel Apfel
Blume Blume
Stiefel Stiefel
Zahncreme Zahncreme
Brötchen Brötchen
Ei Ei
Fleisch Fleisch
Geld Geld
Kleid Kleid
Pflaster Pflaster

2
Brötchen / Geld / Kleid
Pflaster / Fleisch / Ei
Zahncreme / Apfel / Blume
Stiefel / Pflaster / Geld

Waren: Wörter nachspuren; Artikel und Wort-Bild zuordnen

45 fünfundvierzig

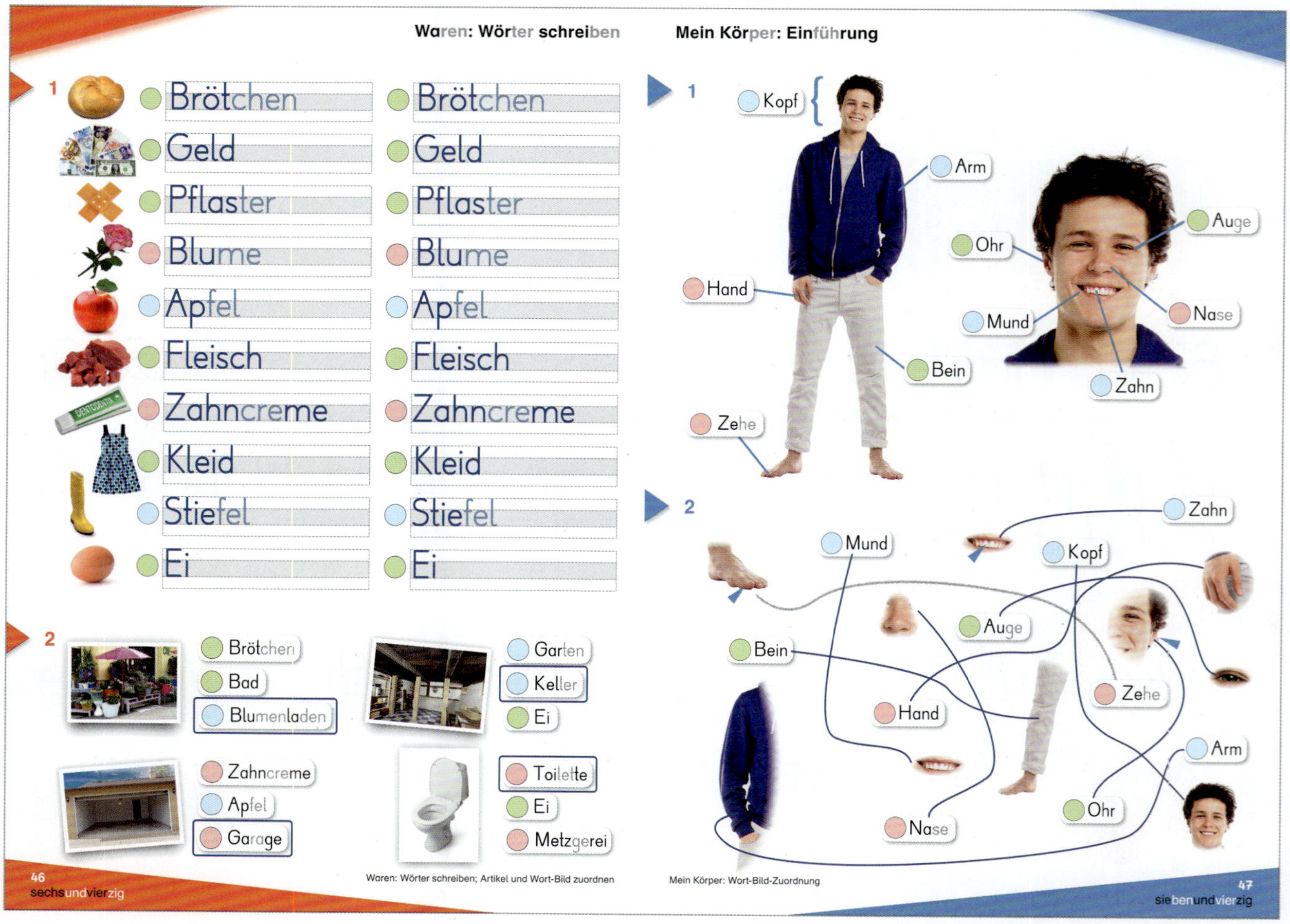

Waren: Wörter schreiben

1
Brötchen Brötchen
Geld Geld
Pflaster Pflaster
Blume Blume
Apfel Apfel
Fleisch Fleisch
Zahncreme Zahncreme
Kleid Kleid
Stiefel Stiefel
Ei Ei

2
Brötchen / Bad / Blumenladen
Garten / Keller / Ei
Zahncreme / Apfel / Garage
Toilette / Ei / Metzgerei

Waren: Wörter schreiben; Artikel und Wort-Bild zuordnen

46 sechsundvierzig

Mein Körper: Einführung

1
Kopf, Arm, Hand, Bein, Zehe, Ohr, Auge, Mund, Nase, Zahn

2
Zahn, Mund, Kopf, Auge, Bein, Hand, Zehe, Arm, Nase, Ohr

Mein Körper: Wort-Bild-Zuordnung

47 siebenundvierzig

Lösungen (Seiten 48–51)

Mein Körper: Einführung O, A

1 O O A A

2
O O O O O O O O
O O O O O O O O O O O O
A A A A A A A A A
A A A A A A A A A A A A A

3
Ohr Ohr Ohr
Arm Arm Arm
Apotheke Apotheke Apotheke

4 Ohr Arm Apotheke

Einführung Buchstaben A und O; Buchstaben finden, nachspuren und schreiben

Mein Körper: Einführung N, Au

1 N N Au Au

2
N N N N N N N N N
N N N N N N N N N N N N
Au Au Au Au Au Au
Au Au Au Au Au Au Au Au Au

3
Nase Nase Nase
Auge Auge Auge

4 Nase Auge

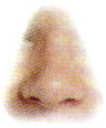

5
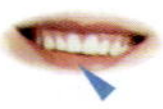
blau / **rot** / gelb

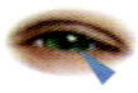
grün / rosa / blau

braun / rosa / lila

Einführung Buchstaben N und Au; Buchstaben finden, nachspuren und schreiben; Farben zuordnen

Mein Körper: Wörter nachspuren

1
Arm	Arm
Kopf	Kopf
Mund	Mund
Zahn	Zahn
Hand	Hand
Nase	Nase
Zehe	Zehe
Auge	Auge
Bein	Bein
Ohr	Ohr

2

Auge / Zehe / Hand

Auge / **Bein** / Ohr

Mund / Arm / **Kopf**

Zahn / **Hand** / Nase

Mein Körper: Wörter nachspuren; Artikel und Wort-Bild zuordnen

Mein Körper: Wörter schreiben

1
Hand	Hand
Auge	Auge
Zehe	Zehe
Nase	Nase
Kopf	Kopf
Bein	Bein
Zahn	Zahn
Arm	Arm
Ohr	Ohr
Mund	Mund

2
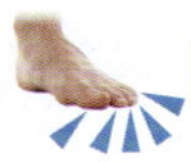
zwei / **fünf** / drei

drei / vier / zehn

zwei / eins / sieben

Arm / **Kopf** / Hand

Mund / Nase / Ohr

Bein / Auge / **Hand**

Mein Körper: Wörter schreiben; Artikel, Anzahlen und Wort-Bild zuordnen

Lösungen (Seiten 52 – 55)

Mein Körper: Einführung des bestimmten Artikels

1
der Kopf
der Arm
das Auge
das Ohr
die Hand
die Nase
der Mund
der Zahn
das Bein
die Zehe

2
der: der der der der der der der
die: die die die die die die die die
das: das das das das das das das

3
das Bein
die Hand
der Kopf
das Auge
die Nase
der Arm
das Ohr
die Zehe
der Mund
der Zahn

Mein Körper: Einführung des bestimmten Artikels, Wörter schreiben

Einführung: Plural

1
der Hase – die Hasen
die Schere – die Scheren
das Auge – die Augen
der Arm – die Arme
die Hand – die Hände
das Heft – die Hefte

2
der Hase – die Hasen
die Schere – die Scheren
das Auge – die Augen
der Arm – die Arme
die Hand – die Hände
das Heft – die Hefte

Einführung Plural: Artikel und Wörter schreiben

Kleidung: Einführung

1
die Regenjacke
die Mütze
der Rock
das T-Shirt
die Jacke
die Socken
der Pullover
die Hose
das Kleid
die Schuhe

2
die Regenjacke
die Mütze
der Rock
die Socken
die Jacke
der Pullover
das Hemd
die Hose
die Schuhe
das T-Shirt

Kleidung: Wort-Bild-Zuordnung

Kleidung: Einführung J, j, R

1
J J j j R R

2
J J J J J J J J J J J
j j j j j j j j j j j j j j
R R R R R R R R R R
J J J J J J J j j j j j j j R R R R R R R

3
der Rock der Rock der Rock
die Jacke die Jacke die Jacke
die Regenjacke die Regenjacke

4
der Rock die Jacke die Regenjacke

Einführung Buchstaben J, j und R; Buchstaben finden, nachspuren und schreiben

Lösungen (Seiten 56 – 59)

Kleidung: Einführung T, S

1

T T S S

2

T T T T T T T T T
T T T T T T T T T T T T T
S S S S S S S S S S
S S S S S S S S S S S S S S
T T T T T T T S S S S S S S

3

das T-Shirt — das T-Shirt
die Socken — die Socken
der Supermarkt — der Supermarkt

4

das T-Shirt — die Socken

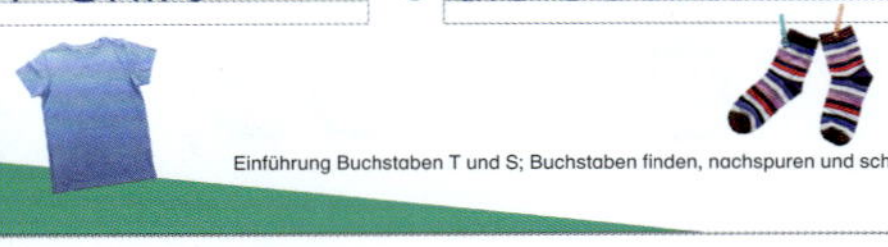

Einführung Buchstaben T und S; Buchstaben finden, nachspuren und schreiben

Kleidung: Einführung ck, h

1

ck ck h h

2

ck ck ck ck ck ck ck
ck ck ck ck ck ck ck ck ck ck ck
h h h h h h h h h h
h h h h h h h h h h h h h h h

3

der Rock — der Rock — der Rock
die Socken — die Socken
die Schuhe — die Schuhe

4

der Rock — die Socken — die Schuhe

Einführung Buchstaben ck und h; Buchstaben finden, nachspuren und schreiben

Kleidung: Wörter nachspuren

1

der Pullover — der Pullover
der Rock — der Rock
die Hose — die Hose
die Jacke — die Jacke
die Mütze — die Mütze
die Regenjacke — die Regenjacke
das Hemd — das Hemd
das T-Shirt — das T-Shirt
die Schuhe — die Schuhe
die Socken — die Socken

2

Das Hemd ist blau.
Die Hose ist braun.
Die Mütze ist rot.
Das T-Shirt ist lila.
Der Rock ist grün.

Kleidung: Wörter nachspuren, Artikel zuordnen, Sätze lesen

Kleidung: Wörter und Sätze schreiben

1

die Schuhe — die Schuhe
die Mütze — die Mütze
der Pullover — der Pullover
das Hemd — das Hemd
die Hose — die Hose
die Jacke — die Jacke
die Socken — die Socken
der Rock — der Rock
das T-Shirt — das T-Shirt
die Regenjacke — die Regenjacke

2

Das Hemd ist grün.
Die Hose ist blau.
Das T-Shirt ist rot.

Kleidung: Wörter schreiben, Artikel zuordnen, Sätze schreiben

Lösungen (Seiten 60 – 63)

Familie: Einführung

1

2

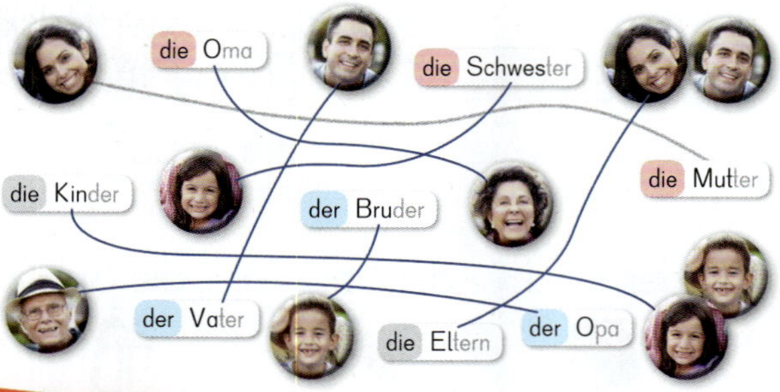

Familie: Wort-Bild-Zuordnung

Familie: Einführung V, E

1

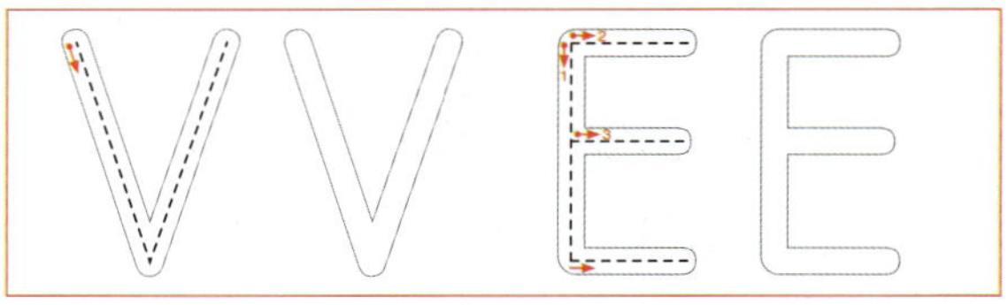

2

V V V V V V V V V
V V V V V V V V V V V V V V
E E E E E E E E E E E
E E E E E E E E E E E E E E

3

der Vater	der Vater	der Vater
die Eltern	die Eltern	die Eltern
die Kinder	die Kinder	die Kinder

4

der Vater — die Eltern — die Kinder

Einführung Buchstaben V und E; Buchstaben finden, nachspuren und schreiben

Familie: Wörter nachspuren und schreiben

1

der Vater	der Vater
der Bruder	der Bruder
der Opa	der Opa
die Mutter	die Mutter
die Schwester	die Schwester
die Oma	die Oma
die Eltern	die Eltern
die Kinder	die Kinder

2

die Kinder	die Kinder
die Mutter	die Mutter
der Bruder	der Bruder
die Eltern	die Eltern
die Oma	die Oma
der Opa	der Opa
der Vater	der Vater
die Schwester	die Schwester

Familie: Wörter nachspuren und schreiben; Artikel zuordnen

Medien und Freizeit: Einführung

1

2

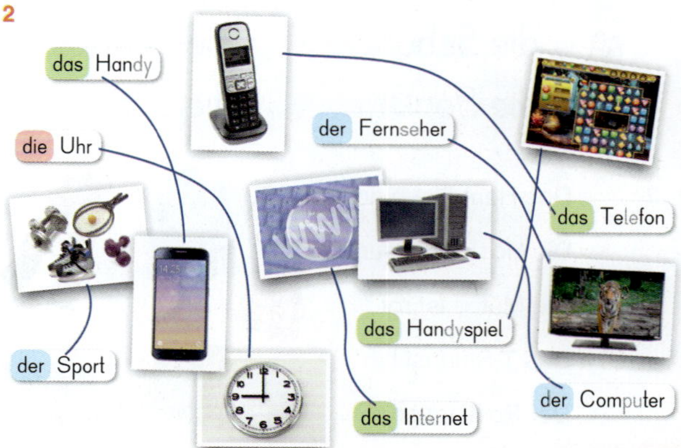

Medien und Freizeit: Wort-Bild-Zuordnung

Lösungen (Seiten 64 – 67)

1 Sp Sp sp sp

2
Sp Sp Sp Sp Sp Sp Sp
Sp Sp Sp Sp Sp Sp Sp Sp Sp Sp
sp sp sp sp sp sp sp
sp sp sp sp sp sp sp sp sp sp sp

3
der Sport · der Sport · der Sport
das Handyspiel · das Handyspiel
der Spitzer · der Spitzer

4
der Sport · das Handyspiel

Einführung Buchstaben Sp, sp; Buchstaben finden, nachspuren und schreiben

1 I I U U y y

2
I I I I I I I I I I I I I I
U U U U U U U U U
U U U U U U U U U U U U U
y y y y y y y y y y y
y y y y y y y y y y y y y y y y

3
die Uhr · die Uhr · die Uhr
das Handy · das Handy
das Internet · das Internet

4
die Uhr · das Handy · das Internet

Einführung Buchstaben I, U und y; Buchstaben finden, nachspuren und schreiben

1

der Computer · der Computer
der Fernseher · der Fernseher
der Sport · der Sport
die Uhr · die Uhr
das Handyspiel · das Handyspiel
das Handy · das Handy
das Internet · das Internet
das Telefon · das Telefon

2

der Sport · der Sport
das Handy · das Handy
der Computer · der Computer
das Internet · das Internet
die Uhr · die Uhr
das Handyspiel · das Handyspiel
das Telefon · das Telefon
der Fernseher · der Fernseher

Medien: Wörter nachspuren und schreiben; Artikel zuordnen

1

2

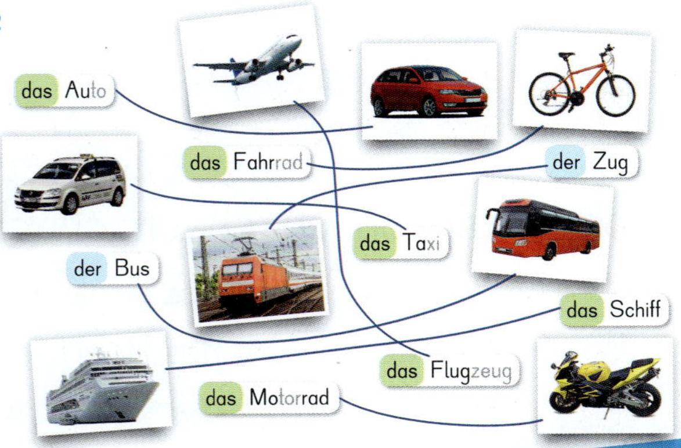

Verkehr: Bild-Wort-Zuordnung

Lösungen (Seiten 68 – 71)

Verkehr: Einführung f, eu, x

1 f f eu eu x x

2 f f f f f f f f f f f f f
f f f f f f f f f f f f f f f f f f
eu eu eu eu eu eu eu
eu eu eu eu eu eu eu eu eu eu
x x x x x x x x x x x x x x x x

3 das Schiff – das Schiff – das Schiff
das Taxi – das Taxi – das Taxi
das Flugzeug – das Flugzeug

4 das Schiff – das Taxi

Einführung Buchstaben f, eu und x; Buchstaben finden, nachspuren und schreiben

Verkehr: Wörter nachspuren und schreiben

1
der Bus – der Bus
der Zug – der Zug
das Auto – das Auto
das Fahrrad – das Fahrrad
das Flugzeug – das Flugzeug
das Motorrad – das Motorrad
das Schiff – das Schiff
das Taxi – das Taxi

2
das Schiff – das Schiff
das Fahrrad – das Fahrrad
das Flugzeug – das Flugzeug
das Taxi – das Taxi
der Zug – der Zug
das Motorrad – das Motorrad
der Bus – der Bus
das Auto – das Auto

Verkehr: Wörter nachspuren und schreiben; Artikel zuordnen

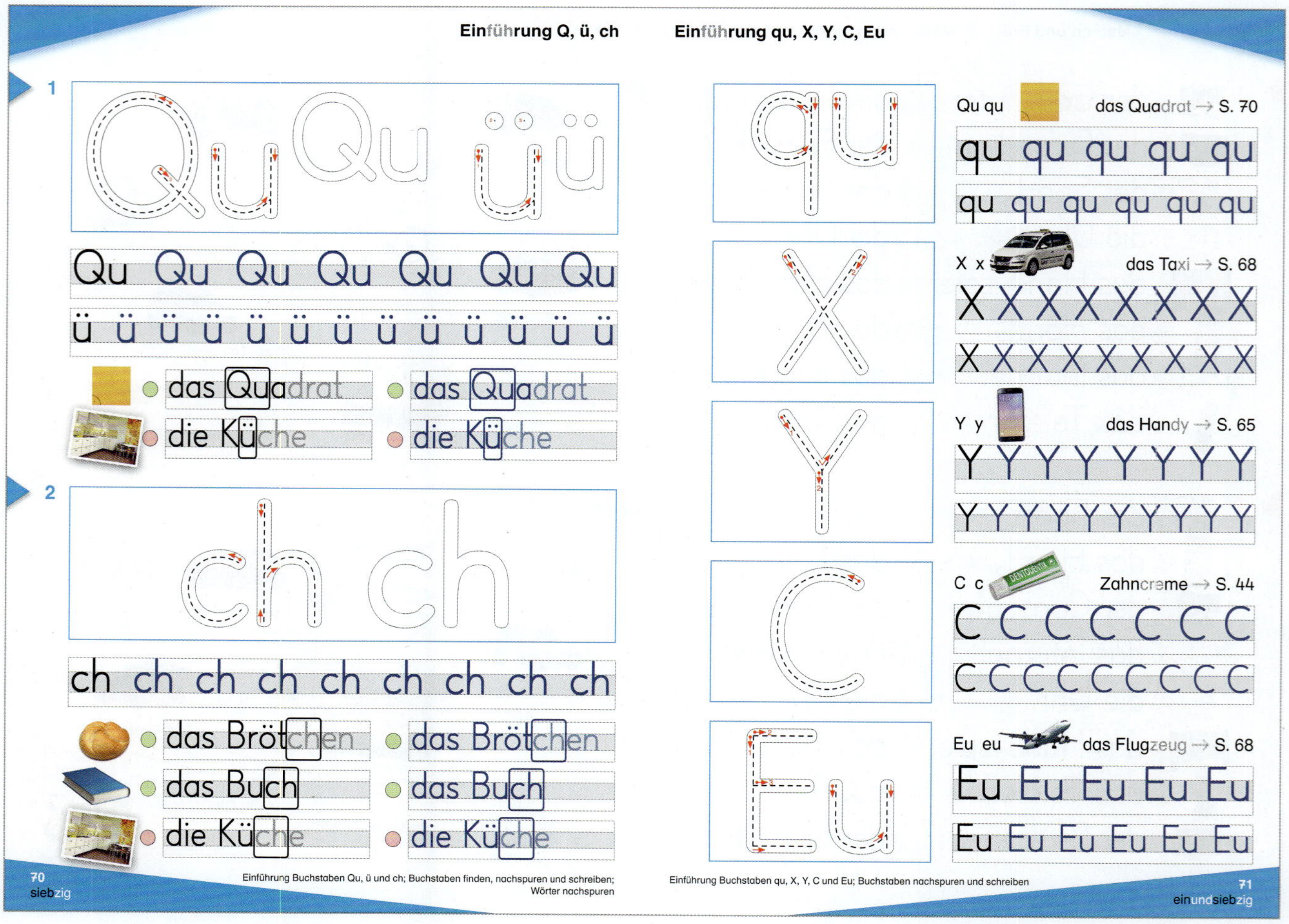

Einführung Q, ü, ch

1 Qu Qu ü ü

Qu Qu Qu Qu Qu Qu Qu
ü ü ü ü ü ü ü ü ü ü ü ü ü
das Quadrat – das Quadrat
die Küche – die Küche

2 ch ch

ch ch ch ch ch ch ch ch ch
das Brötchen – das Brötchen
das Buch – das Buch
die Küche – die Küche

Einführung Buchstaben Qu, ü und ch; Buchstaben finden, nachspuren und schreiben; Wörter nachspuren

Einführung qu, X, Y, C, Eu

qu – Qu qu – das Quadrat → S. 70
qu qu qu qu qu
qu qu qu qu qu qu

X – X x – das Taxi → S. 68
X X X X X X X X
X X X X X X X X X

Y – Y y – das Handy → S. 65
Y Y Y Y Y Y Y Y
Y Y Y Y Y Y Y Y Y

C – C c – Zahncreme → S. 44
C C C C C C C
C C C C C C C C C

Eu – Eu eu – das Flugzeug → S. 68
Eu Eu Eu Eu Eu
Eu Eu Eu Eu Eu Eu

Einführung Buchstaben qu, X, Y, C und Eu; Buchstaben nachspuren und schreiben

Lösungen (Seite 72)

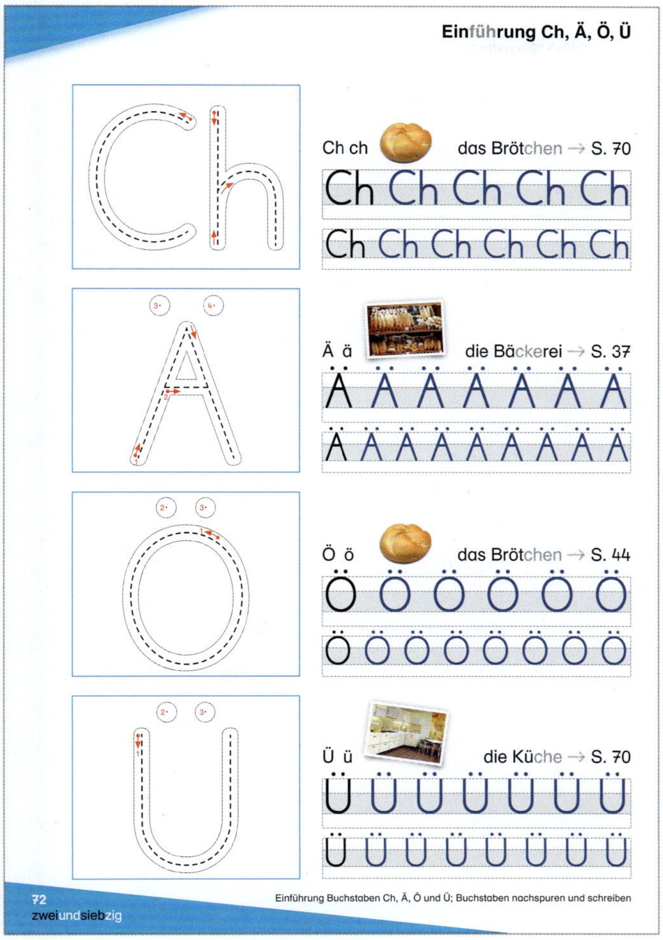

Einführung Ch, Ä, Ö, Ü

Ch ch — das Brötchen → S. 70

Ch Ch Ch Ch Ch

Ch Ch Ch Ch Ch Ch

Ä ä — die Bäckerei → S. 37

Ä Ä Ä Ä Ä Ä Ä

Ä Ä Ä Ä Ä Ä Ä Ä Ä

Ö ö — das Brötchen → S. 44

Ö Ö Ö Ö Ö Ö

Ö Ö Ö Ö Ö Ö Ö Ö

Ü ü — die Küche → S. 70

Ü Ü Ü Ü Ü Ü Ü

Ü Ü Ü Ü Ü Ü Ü Ü

Einführung Buchstaben Ch, Ä, Ö und Ü; Buchstaben nachspuren und schreiben

Ee Ff Gg Hh Ii

n Oo Pp Ququ

v Ww Xx Yy Zz

au Eu eu Ei ei

sp Ch ch Pf pf

4 5 6 7 8 9 0

Mein Körper

der Kopf
der Arm
die Hand
das Bein
die Zehe

das Ohr
die Nase
der Mund
das Auge
der Zahn

Kleidung

das Hemd 
die Mütze 
der Rock 
die Schuhe 

die Hose 
der Pullover 
das T-Shirt 
die Socken 

die Jacke 
die Regenjacke 

Familie

die Oma 
die Mutter 
die Schwester 
die Kinder 

der Opa 
der Vater 
der Bruder 
die Eltern 

Medien

der Computer 
das Handy 
das Internet 
das Telefon 

der Fernseher 
das Handyspiel 
der Sport 
die Uhr 

Verkehr

das Auto 
das Flugzeug 
das Schiff 

der Bus 
das Motorrad 
das Taxi 

das Fahrrad 
das Quadrat 
der Zug 

1

D D p p ä ä

2

D D

D D

p p

p p

ä ä

3

Drogerie Drogerie

Apotheke Apotheke

Bäckerei Bäckerei

4

1

Blumenladen ○ Blumenladen

Kleiderladen ○ Kleiderladen

Marktstand ○ Marktstand

Schuhladen ○ Schuhladen

Supermarkt ○ Supermarkt

Apotheke ○ Apotheke

Bäckerei ○ Bäckerei

Bank ○ Bank

Drogerie ○ Drogerie

Metzgerei ○ Metzgerei

2

- ○ Bank
- ○ Supermarkt
- ○ Marktstand

- ○ Kleiderladen
- ○ Apotheke
- ○ Bäckerei

- ○ Blumenladen
- ○ Metzgerei
- ○ Drogerie

- ○ Schuhladen
- ○ Bank
- ○ Supermarkt

Einkaufen: Wörter schreiben

1

2

- ○ Bank
- ○ Schuhladen
- ○ Supermarkt

- ○ Kleiderladen
- ○ Blumenladen
- ○ Marktstand

- ○ Apotheke
- ○ Metzgerei
- ○ Drogerie

- ○ Bäckerei
- ○ Drogerie
- ○ Marktstand

1

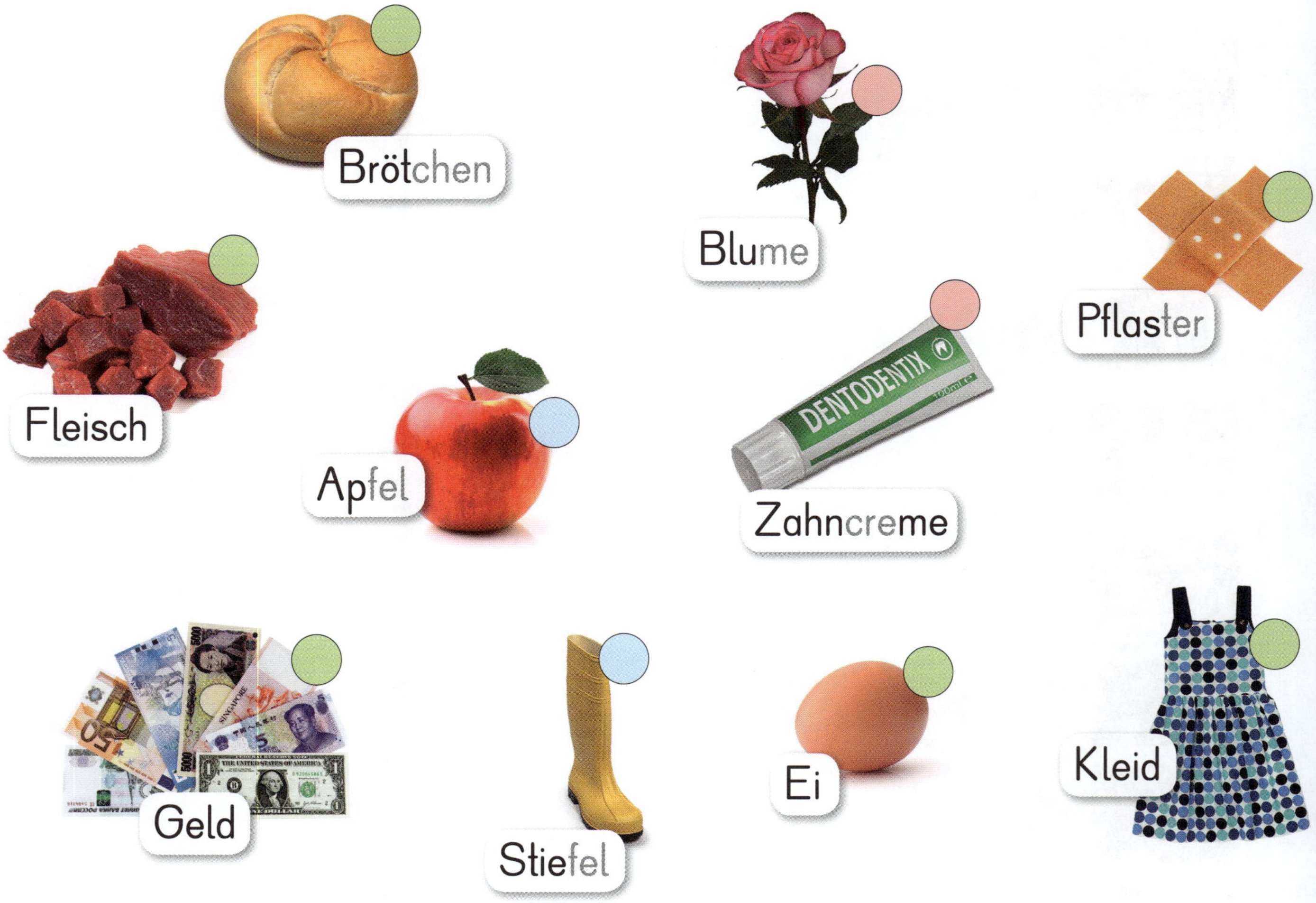
Brötchen
Blume
Pflaster
Fleisch
Apfel
Zahncreme
Geld
Stiefel
Ei
Kleid

2

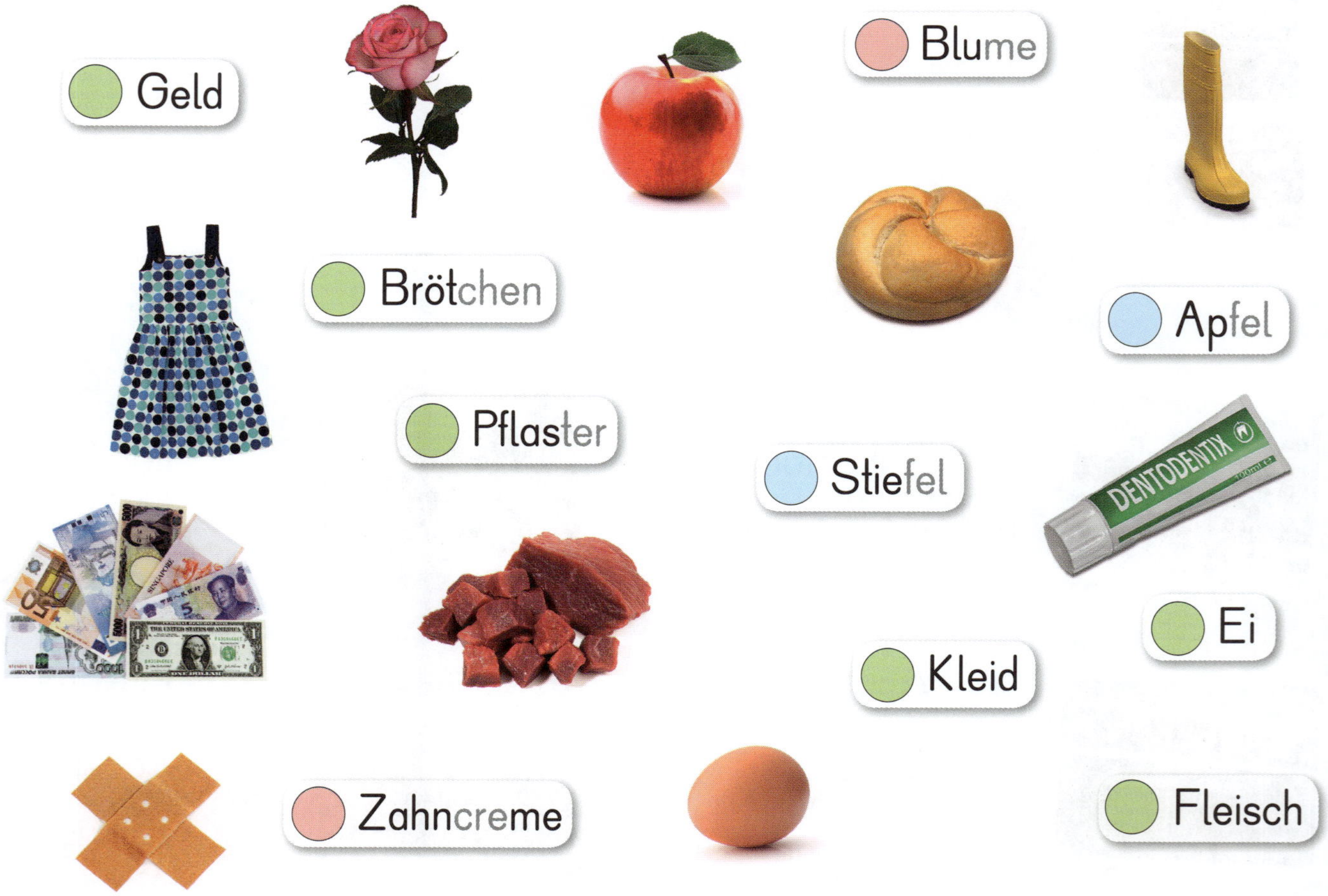
Geld
Blume
Brötchen
Apfel
Pflaster
Stiefel
Ei
Kleid
Zahncreme
Fleisch

1

F F d d m m

2

F F

f f

d d

d d

m m

m m

3

Fleisch Fleisch

Geld Geld

Blume Blume

4

Einführung Buchstaben F, d und m; Buchstaben finden, nachspuren und schreiben

1

Pf Pf pf pf

2

Pf Pf

Pf Pf

pf pf

pf pf

3

Apfel Apfel

Pflaster Pflaster

4

Einführung Buchstaben Pf, pf; Buchstaben finden, nachspuren und schreiben

Waren: Einführung St, Ei

1

St St Ei Ei

2

St St

St St

Ei Ei

Ei Ei

3

Stiefel | Stiefel

Ei | Ei

4

Einführung Buchstaben St und Ei; Buchstaben finden, nachspuren und schreiben

1

K K c c ö ö

2

K K

K K

C C

c c

ö ö

3

Kleid Kleid

Brötchen Brötchen

Zahncreme Zahncreme

4

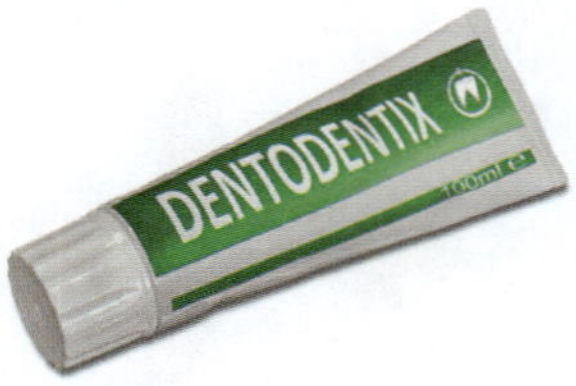

Einführung Buchstaben K, c und ö; Buchstaben finden, nachspuren und schreiben

Waren: Wörter nachspuren

1

Apfel Apfel

Blume Blume

Stiefel Stiefel

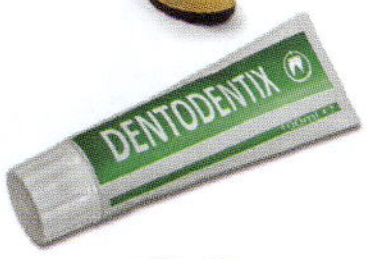

Zahncreme Zahncreme

Brötchen Brötchen

Ei Ei

Fleisch Fleisch

Geld Geld

Kleid Kleid

Pflaster Pflaster

2

- Brötchen
- Geld
- Kleid

- Pflaster
- Fleisch
- Ei

- Zahncreme
- Apfel
- Blume

- Stiefel
- Pflaster
- Geld

1

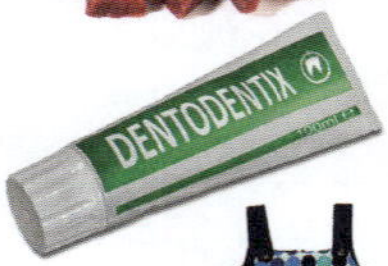

2

- Brötchen
- Bad
- Blumenladen

- Garten
- Keller
- Ei

- Zahncreme
- Apfel
- Garage

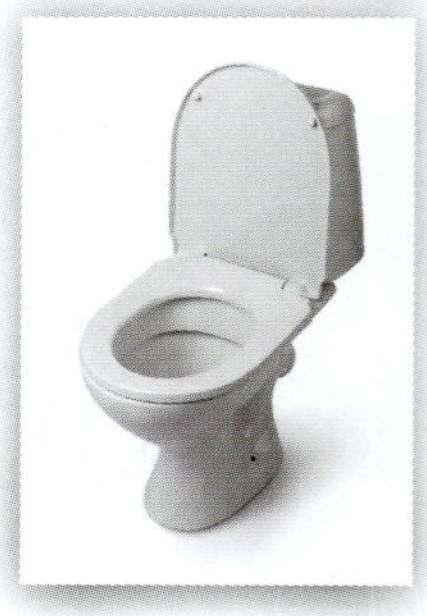

- Toilette
- Ei
- Metzgerei

Mein Körper: Einführung

1

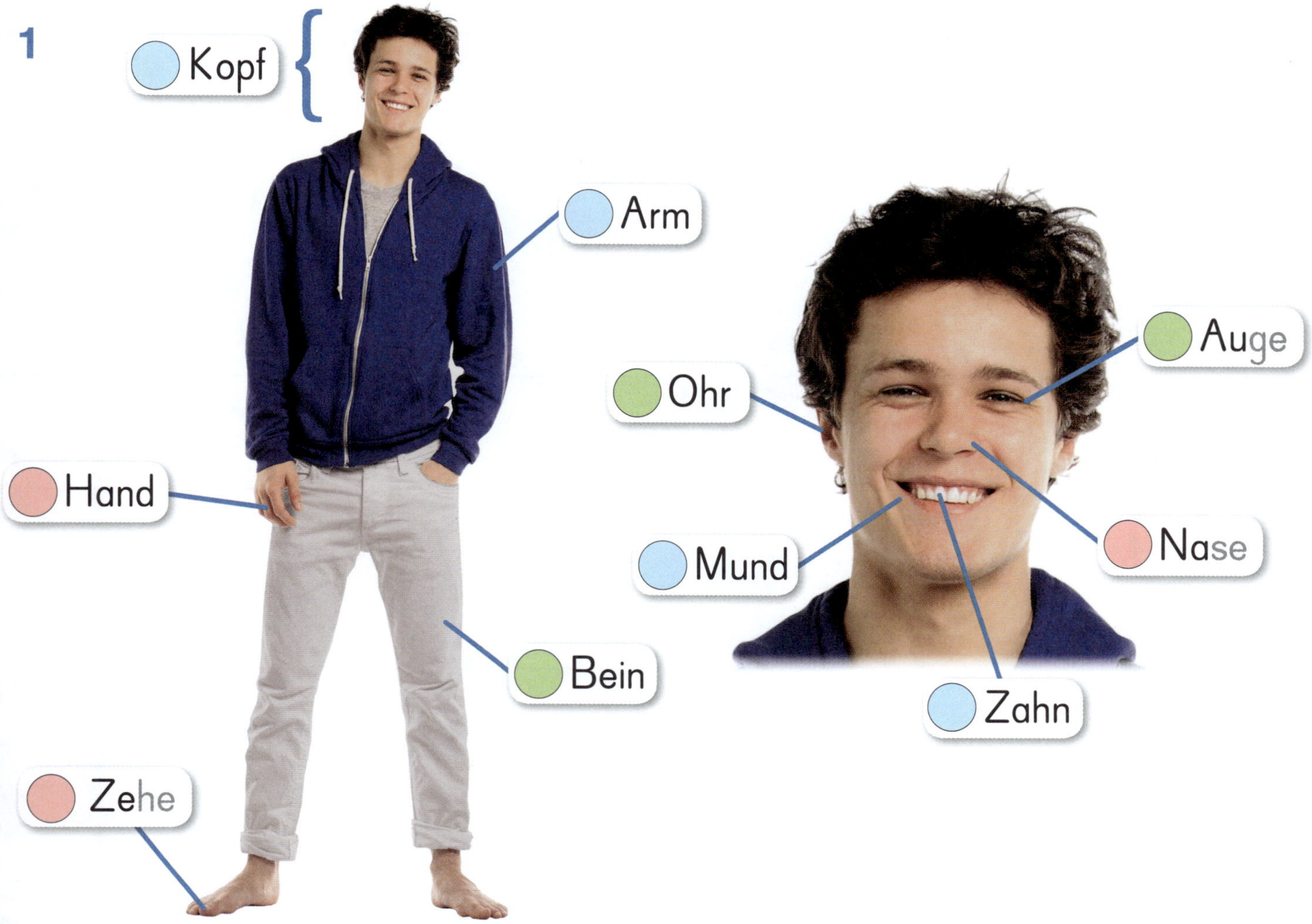

2

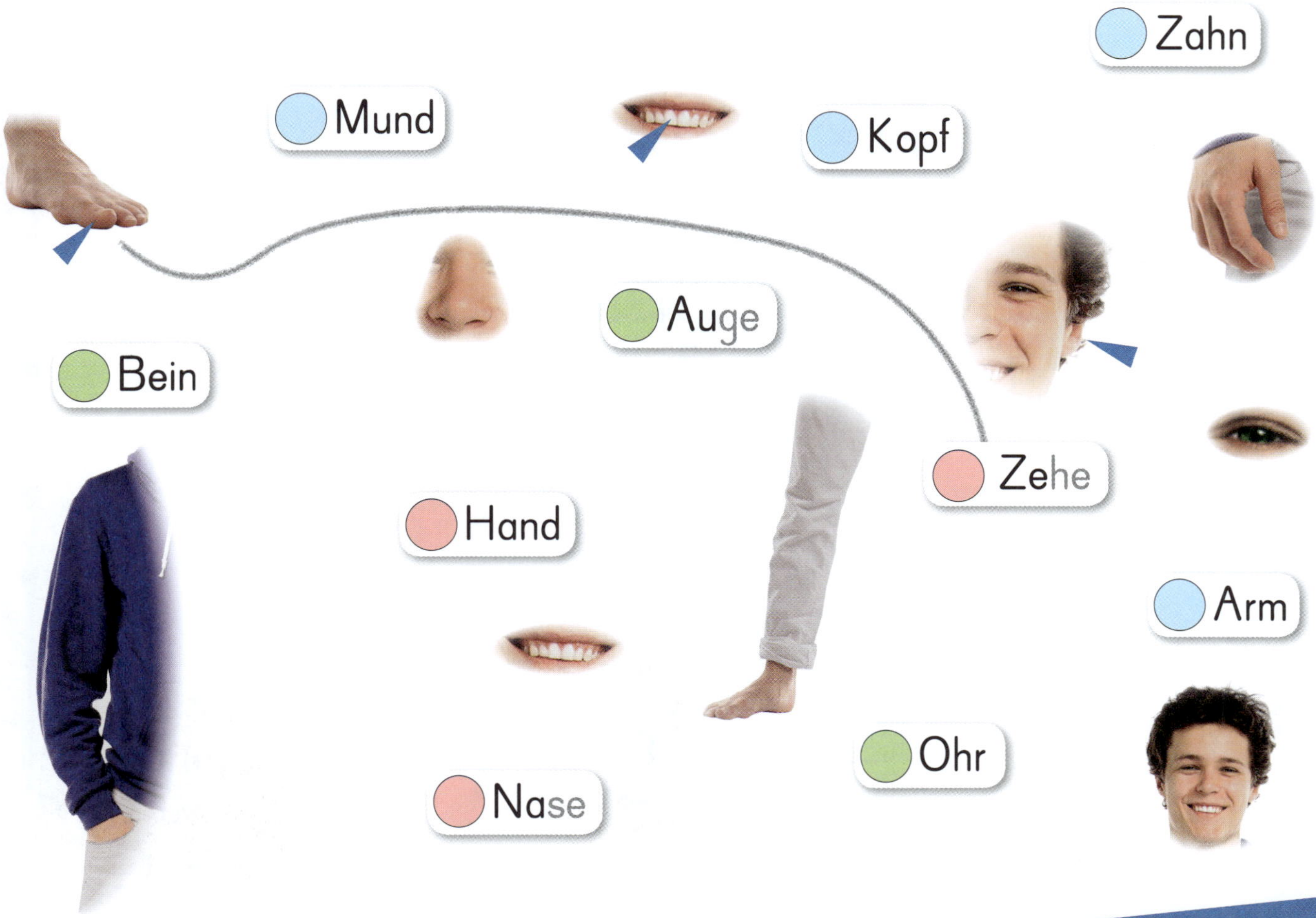

1

O O A A

2

O O

o o

A A

a a

3

Ohr Ohr

Arm Arm

Apotheke Apotheke

4

Einführung Buchstaben A und O; Buchstaben finden, nachspuren und schreiben

Mein Körper: Einführung N, Au

1

N N Au Au

2

N N

N N

Au Au

Au Au

3

Nase Nase

Auge Auge

4

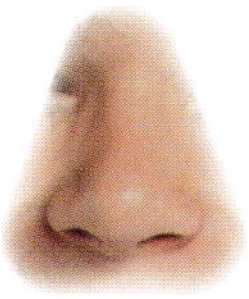

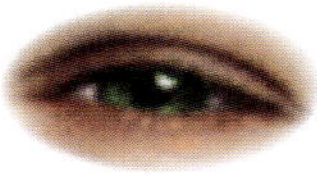

5

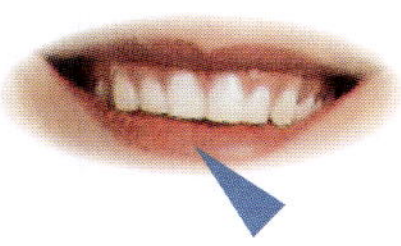

blau
rot
gelb

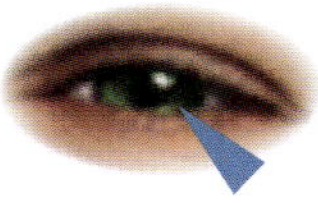

grün
rosa
blau

braun
rosa
lila

Einführung Buchstaben N und Au; Buchstaben finden, nachspuren und schreiben; Farben zuordnen

1

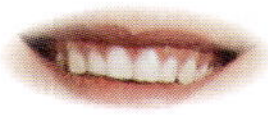
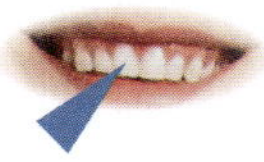
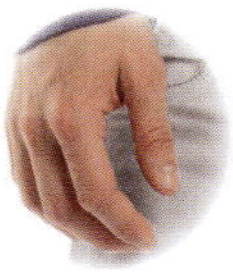
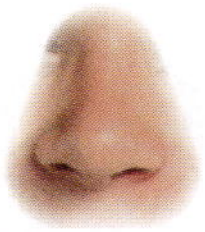
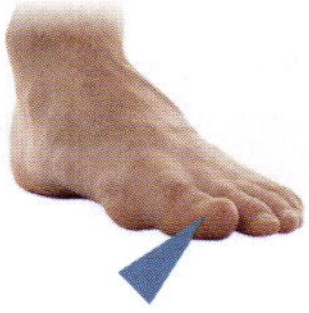

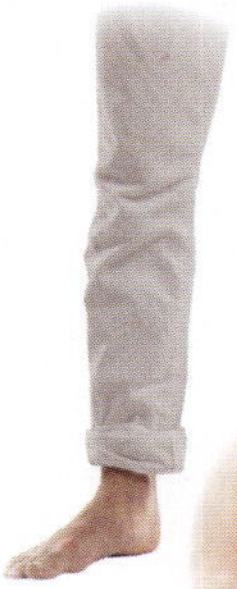
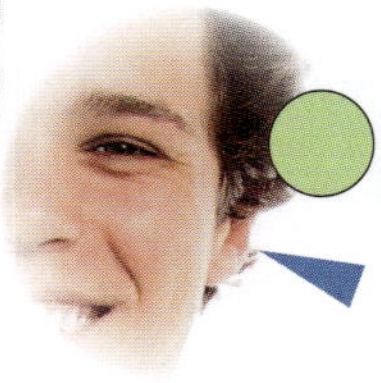

◯ Arm	◯ Arm
◯ Kopf	◯ Kopf
◯ Mund	◯ Mund
◯ Zahn	◯ Zahn
◯ Hand	◯ Hand
◯ Nase	◯ Nase
◯ Zehe	◯ Zehe
◯ Auge	◯ Auge
◯ Bein	◯ Bein
◯ Ohr	◯ Ohr

2

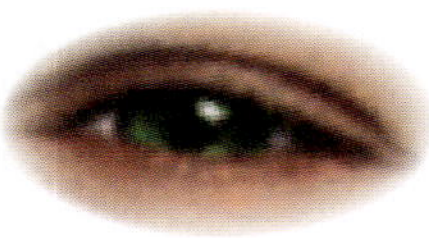

◯ Auge
◯ Zehe
◯ Hand

◯ Auge
◯ Bein
◯ Ohr

◯ Mund
◯ Arm
◯ Kopf

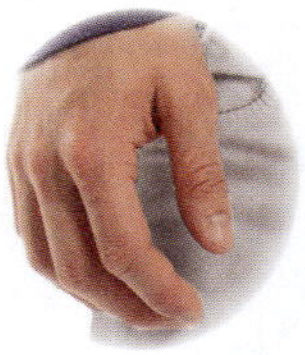

◯ Zahn
◯ Hand
◯ Nase

Mein Körper: Wörter schreiben

1

2

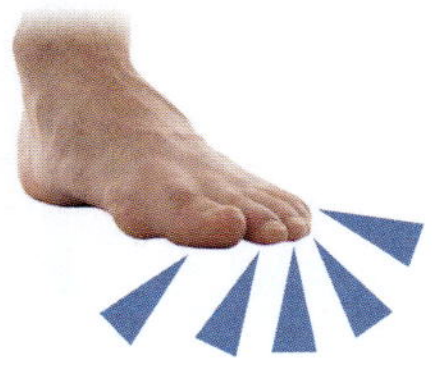

zwei
fünf
drei

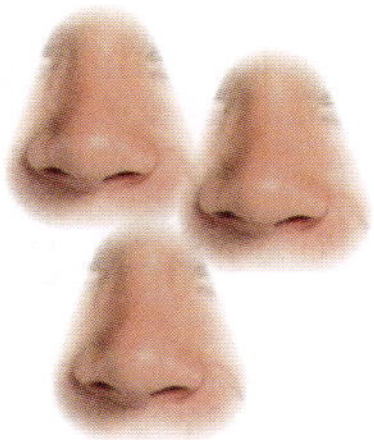

drei
vier
zehn

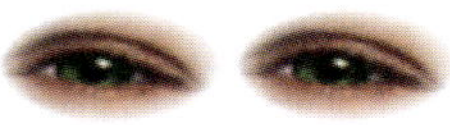

zwei
eins
sieben

◯ Arm
◯ Kopf
◯ Hand

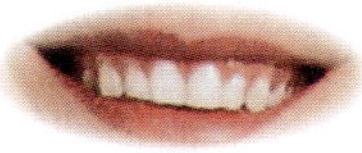

◯ Mund
◯ Nase
◯ Ohr

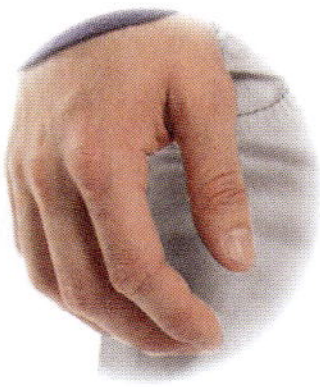

◯ Bein
◯ Auge
◯ Hand

Mein Körper: Einführung des bestimmten Artikels

1

2

der der der

die die die

das das das

3

das Bein

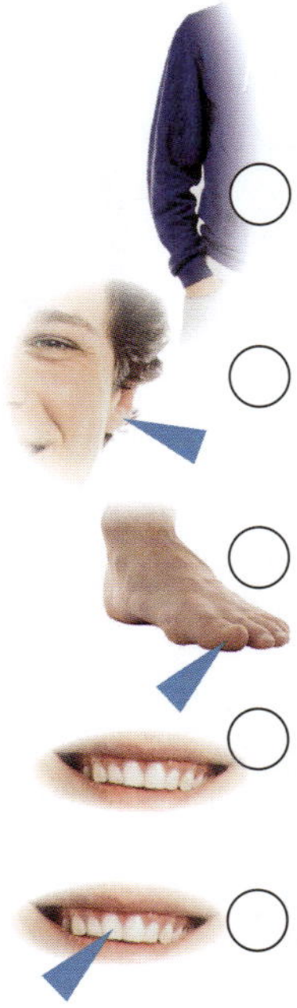

1

der Hase 	die Hasen 
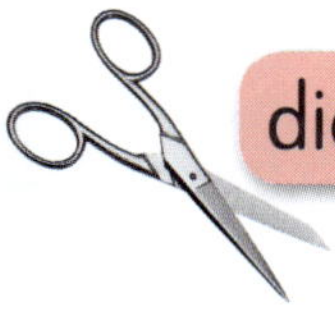 die Schere	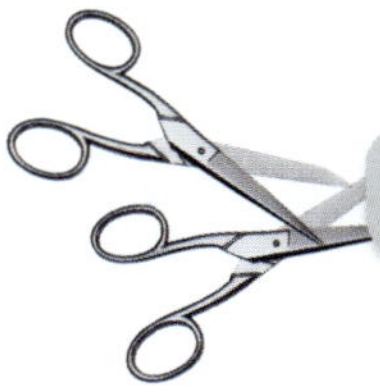 die Scheren
das Auge 	die Augen 
 der Arm	 die Arme
die Hand 	die Hände 
 das Heft	 die Hefte

2

 der Hase	 die Hasen
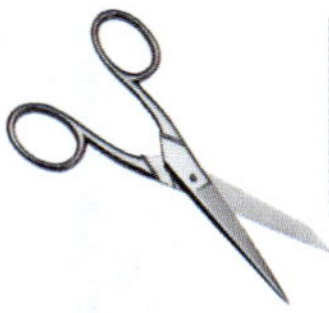	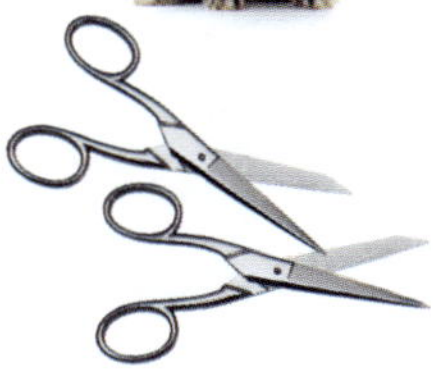

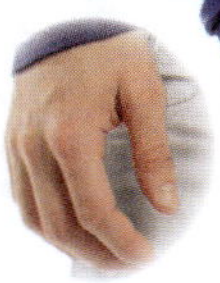	

1

die Regenjacke

die Mütze

der Rock

das T-Shirt

die Jacke

die Socken

der Pullover

die Hose

das Kleid

die Schuhe

2

die Regenjacke

die Mütze

der Rock

die Socken

die Jacke

der Pullover

das Hemd

die Hose

die Schuhe

das T-Shirt

Kleidung: Einführung J, j, R

1

J J j j R R

2

J J

j j

R R

J J j j R R

3

der Rock — der Rock

die Jacke — die Jacke

die Regenjacke — die Regenjacke

4

1

T T S S

2

T T

T T

S S

S S

T T S S

3

- das T-Shirt — das T-Shirt
- die Socken — die Socken
- der Supermarkt — der Supermarkt

4

Einführung Buchstaben T und S; Buchstaben finden, nachspuren und schreiben

Kleidung: Einführung ck, h

1

ck ck h h

2

ck ck

ck ck

h h

h h

3

der Rock | der Rock

die Socken | die Socken

die Schuhe | die Schuhe

4

1

	der Pullover	der Pullover
	der Rock	der Rock
	die Hose	die Hose
	die Jacke	die Jacke
	die Mütze	die Mütze
	die Regenjacke	die Regenjacke
	das Hemd	das Hemd
	das T-Shirt	das T-Shirt
	die Schuhe	die Schuhe
	die Socken	die Socken

2

Das Hemd ist blau.

Die Hose ist braun.

Die Mütze ist rot.

Das T-Shirt ist lila.

Der Rock ist grün.

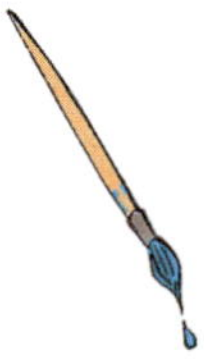

Kleidung: Wörter und Sätze schreiben

1

2

Das Hemd ist grün.

1

die Eltern

die Kinder

2

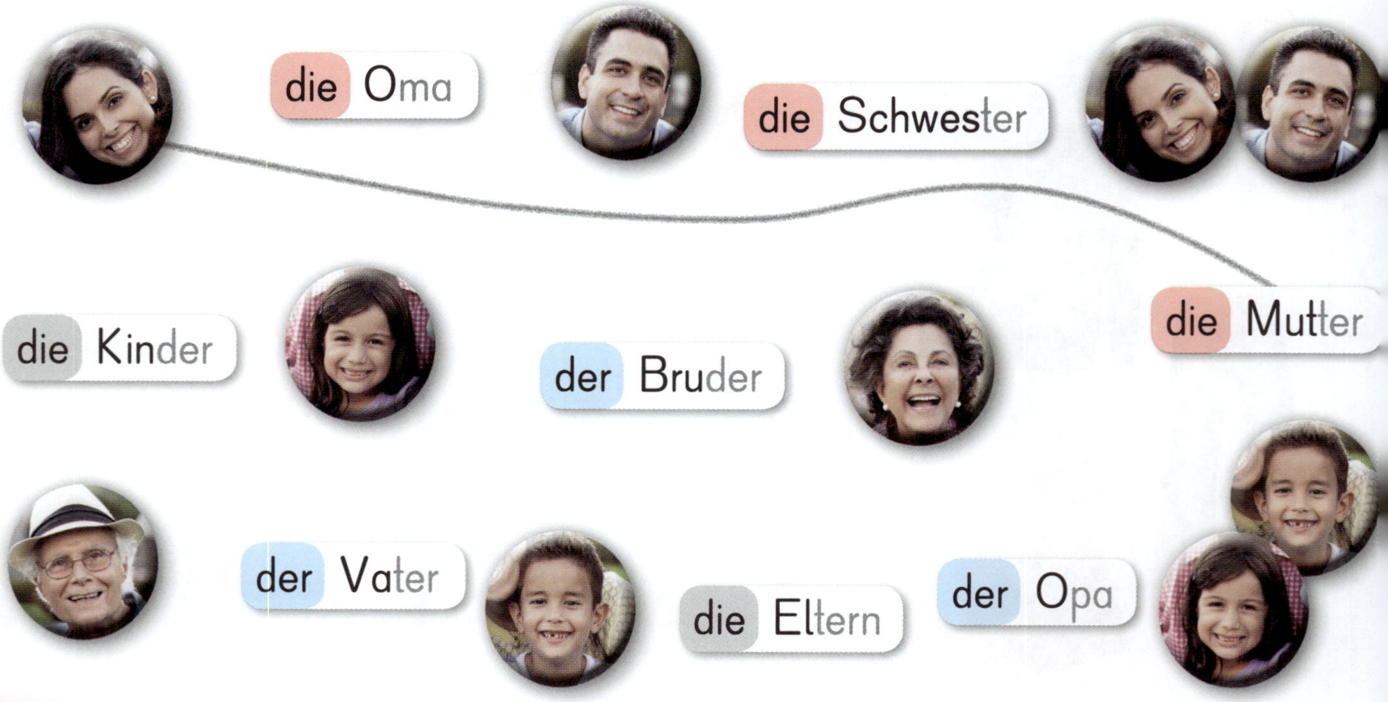

Familie: Einführung V, E

1

V V E E

2

V V

V V

E

E E

3

der Vater | der Vater |

die Eltern | die Eltern |

die Kinder | die Kinder |

4

Einführung Buchstaben V und E; Buchstaben finden, nachspuren und schreiben

Familie: Wörter nachspuren und schreiben

1

der Vater	der Vater
der Bruder	der Bruder
der Opa	der Opa
die Mutter	die Mutter
die Schwester	die Schwester
die Oma	die Oma
die Eltern	die Eltern
die Kinder	die Kinder

2

Medien und Freizeit: Einführung

1

das Handy

die Uhr

das Internet

der Computer

der Fernseher

das Telefon

der Sport

das Handyspiel

2

das Handy

der Fernseher

die Uhr

das Telefon

das Handyspiel

der Sport

das Internet

der Computer

1

Sp Sp sp sp

2

Sp Sp

Sp Sp

sp sp

sp sp

3

der Sport | der Sport

das Handyspiel | das Handyspiel

der Spitzer | der Spitzer

4

Einführung Buchstaben Sp, sp; Buchstaben finden, nachspuren und schreiben

Medien und Freizeit: Einführung I, U, y

1

I I U U y y

2

I I

U U

u u

y y

y y

3

die Uhr — die Uhr

das Handy — das Handy

das Internet — das Internet

4

Medien und Freizeit: Wörter nachspuren und schreiben

1

der Computer — der Computer

der Fernseher — der Fernseher

der Sport — der Sport

die Uhr — die Uhr

das Handyspiel — das Handyspiel

das Handy — das Handy

das Internet — das Internet

das Telefon — das Telefon

2

1

das Auto

das Motorrad

das Schiff

das Fahrrad

der Bus

das Taxi

der Zug

das Flugzeug

2

das Auto

der Zug

das Fahrrad

das Taxi

der Bus

das Schiff

das Flugzeug

das Motorrad

1

f f eu eu x x

2

f f

f f

eu eu

eu eu

x x

3

das Schiff das Schiff

das Taxi das Taxi

das Flugzeug das Flugzeug

4

Einführung Buchstaben f, eu und x; Buchstaben finden, nachspuren und schreiben

Verkehr: Wörter nachspuren und schreiben

1

 der Bus — der Bus

 der Zug — der Zug

 das Auto — das Auto

 das Fahrrad — das Fahrrad

 das Flugzeug — das Flugzeug

 das Motorrad — das Motorrad

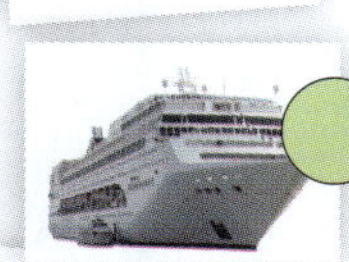 das Schiff — das Schiff

 das Taxi — das Taxi

2

1

Qu Qu ü ü

Qu Qu

ü ü

das Quadrat das Quadrat

die Küche die Küche

2

ch ch

ch ch

das Brötchen das Brötchen

das Buch das Buch

die Küche die Küche

Einführung Buchstaben Qu, ü und ch; Buchstaben finden, nachspuren und schreiben
Wörter nachspuren

Einführung qu, X, Y, C, Eu

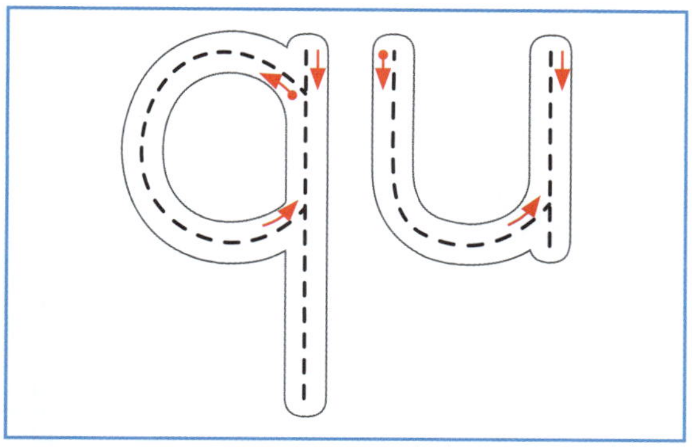

Qu qu  das Quadrat → S. 70

qu qu

qu qu

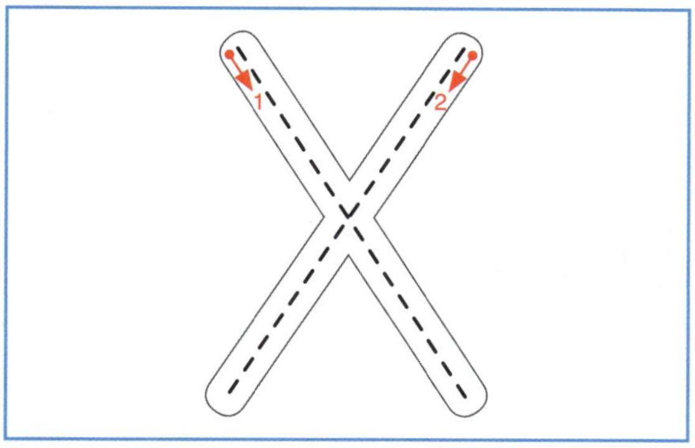

X x  das Taxi → S. 68

X X

X X

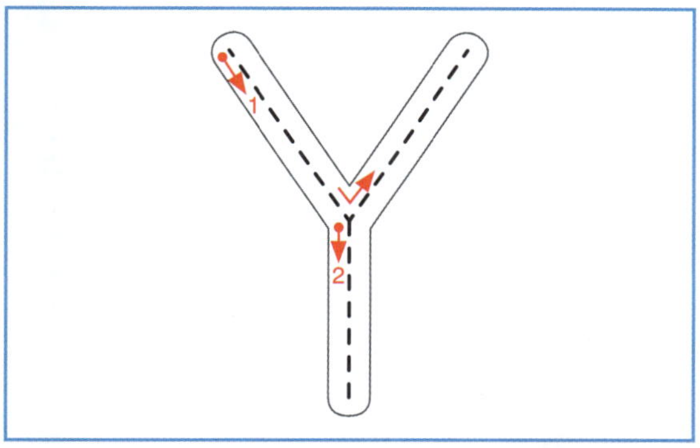

Y y  das Handy → S. 65

Y Y

Y Y

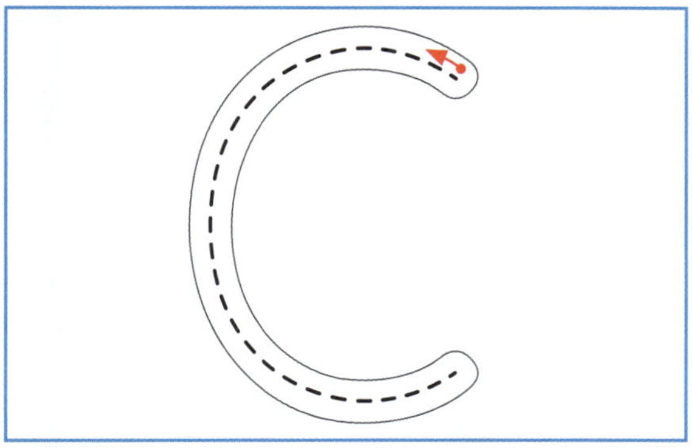

C c 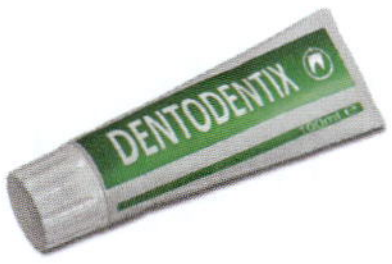

Zahncreme → S. 44

C C

C C

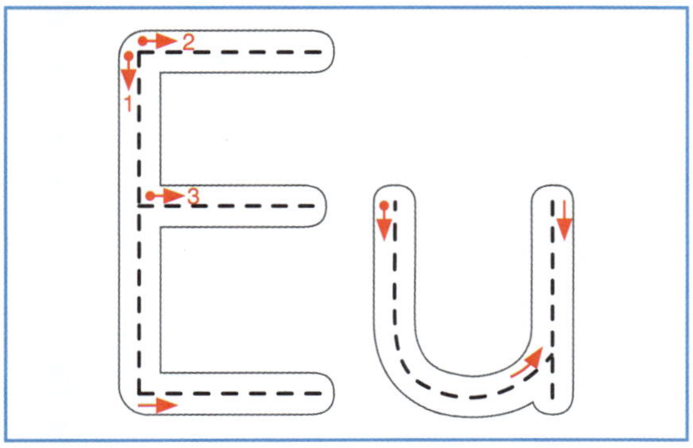

Eu eu  das Flugzeug → S. 68

Eu Eu

Eu Eu

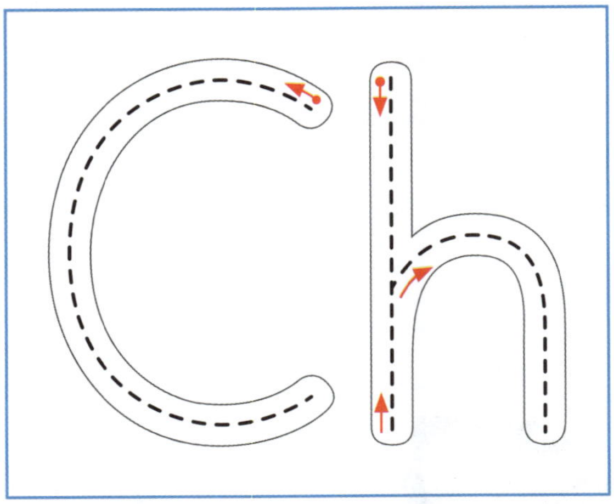

Ch ch  das Brötchen → S. 70

Ch Ch

Ch Ch

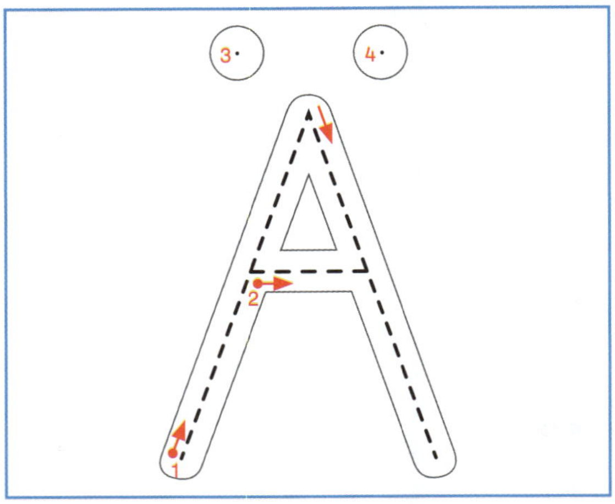

Ä ä  die Bäckerei → S. 37

Ä Ä

Ä Ä

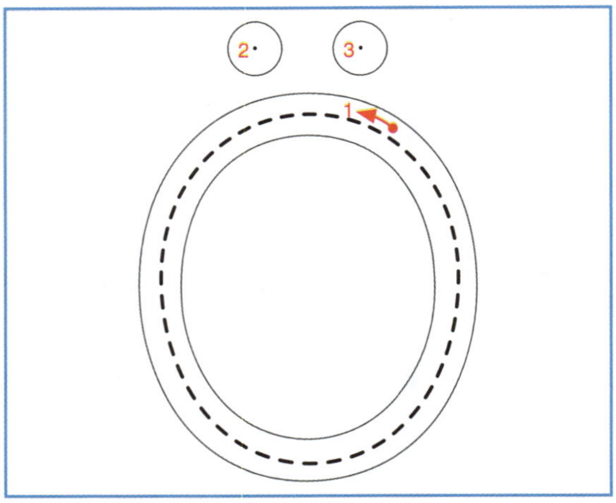

Ö ö  das Brötchen → S. 4

Ö Ö

Ö Ö

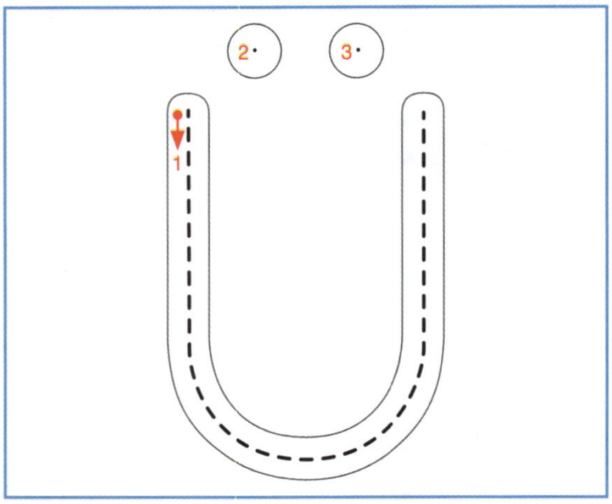

Ü ü  die Küche → S. 7

Ü Ü

Ü Ü

Einführung Buchstaben Ch, Ä, Ö und Ü; Buchstaben nachspuren und schre

Tina Kresse, Susanne McCafferty

Willkommen in Deutschland – *lesen und schreiben lernen*

Kurs zur Alphabetisierung für Jugendliche und Erwachsene mit Schreiblehrgang und Ziffernschreibkurs

Das Übungsheft

Name: ______________________________

Thema	Seiten	Datum
Zahlen	4 – 14	
Farben	15 – 20	
In der Schule	21 – 28	
Zu Hause	29 – 34	
Einkaufen	35 – 39	
Waren	40 – 46	
Mein Körper	47 – 53	
Kleidung	54 – 59	
Familie	60 – 62	
Medien und Freizeit	63 – 66	
Verkehr	67 – 72	

Mildenberger

Inhal

Methodische Hinweise

Zahlen

eins, zwei, drei, vier, fünf, sechs, sieben, acht, neun, zehn, 1, 2, 3, 4, 5, 6, 7, 8, 9, 10, e, v, ei, s

Farben

blau, braun, gelb, grau, grün, rot, schwarz, weiß, a, au, n, o, b, w, ß

In der Schule

Bleistift, Buch, Heft, Klebstoff, Kugelschreiber, Lineal, Papier, Radiergummi, Schere, Spitzer, B, u, g, t, tz, P, i, ie, l, sch, st, L

Zu Hause

Bad, Garage, Garten, Haus, Keller, Küche, Schlafzimmer, Toilette, Wohnzimmer, Zimmer, Z, z, r, Sch, G, W, H

Einkaufen

Apotheke, Bäckerei, Bank, Blumenladen, Drogerie, Kleider-laden, Marktstand, Metzgerei, Schuhladen, Supermarkt, M, k, D, p, ä

Waren

Apfel, Blume, Brötchen, Ei, Fleisch, Geld, Kleid, Pflaster, Stiefel, Zahncreme, F, d, m, Pf, pf, St, Ei, K, c, ö

Mein Körper

Arm, Auge, Bein, Hand, Kopf, Mund, Nase, Ohr, Zahn, Zehe O, A, N, Au, der, die, das, die

Kleidung

Hemd, Hose, Jacke, Mütze, Pullover, Regenjacke, Rock, Socken, Schuhe, T-Shirt, J, j, R, T, S, ck, h

Familie

Bruder, Eltern, Kinder, Mutter, Oma, Opa, Schwester, Vater, V, E

Medien und Freizeit

Computer, Fernseher, Handy, Handyspiel, Internet, Sport, Telefon, Uhr, Sp, sp, I, U, y

Verkehr

Auto, Bus, Fahrrad, Flugzeug, Motorrad, Schiff, Taxi, Zug, f, eu, x, Qu, ü, ch, qu, X, Y, C, Eu, Ch, Ä, Ö, Ü

Methodische Hinweise

Dieses Übungsheft möchte allen, die nicht lesen und schreiben können, einen Zugang zur Schrift in der deutschen Sprache ermöglichen. Es ist selbsterklärend und in schriftlichen Phasen selbstständig zu bearbeiten. Neben der normgerechten Einführung der Druckschrift wird auch die korrekte Schreibweise der Ziffern eingeführt.

Menschen ohne Lese- und Schreiberfahrungen

Die Gruppe der Jugendlichen und Erwachsenen, die nicht lesen und schreiben können und die Deutsch als Zweitsprache erlernen sollen, ist sehr heterogen. Zum einen gibt es Menschen, die wenig oder keine Erfahrung mit Schriftsprache haben und daher als Analphabeten zu bezeichnen sind. Zum anderen Jugendliche und Erwachsene, die zwar Lesen und Schreiben in ihrer Sprache beherrschen, aber eine andere Schrift erlernt haben und somit die Schriftzeichen der lateinischen Druckschrift lernen müssen. Dazu gehört selbstverständlich auch die Schreibrichtung von links nach rechts.

Methodischer Ansatz

Das Übungsheft hat eine einfache, klare Struktur, damit weitgehend selbstständig damit gearbeitet werden kann. Jemand, der Deutsch als Zweitsprache erlernt, kann nicht auf bekannte Laute, Silben und Wörter zurückgreifen. Damit von Anfang an motiviert und sinnhaft gelernt werden kann, wird von Ganzwörtern ausgegangen.

Die einzelnen Buchstaben und Laute werden systematisch ausgegliedert und der Schreibvorgang der einzelnen Buchstaben wird intensiv geübt. Unverzichtbar ist es, im Unterricht intensiv auf diese Laute und Buchstaben, d. h. in Form von Buchstabeneinführungen wie Erkennungsübungen, Fühlübungen, Schreiben in der Luft, mit dem Finger, im Sand … sowie in Form von Sprechübungen einzugehen.

Die normgerechte Ausführung der Buchstaben und Ziffern wird in mehreren Schritten eingeführt und jeweils durch große Einspurbuchstaben/-ziffern angezeigt.

Zuerst werden diese mit dem Finger, dann mit verschiedenen Stiften nachgespurt. Die Abfolge der Bewegungen wird durch Pfeile angezeigt. Ein Punkt am Pfeil markiert den Start. Die angezeigte Richtung wird ohne abzusetzen ausgeführt, bis ein weiterer Pfeil eine Richtungsänderung anzeigt oder die Spur beendet ist. Durch die Richtungsänderung kann ein Deckstrich über eine bereits gezogene Spur geführt werden. Enthalten Bewegungsabläufe einen „Sprung" durch Absetzen des Stiftes, dann ist jeder neue Start mit einem Punkt am Pfeil markiert und die Reihenfolge durch Ziffern angegeben.

Im nächsten Schritt werden die Hohlbuchstaben nachgespurt oder sie auf eine freie Fläche geschrieben. Im letzten Schritt wird nachgespurt oder frei auf Schreibzeilen geschrieben, um die relative Größe der Buchstaben zu erkennen und zu üben.

Zu Beginn sind die Schreibzeilen sehr groß und der Übergang zur kleineren Schrift verläuft in Schritten, um das Schreiben in Schreibzeilen einzuüben. Im weiteren Verlauf des Heftes werden diese Schritte reduziert, da die Schülerinnen und Schüler zunehmend sicherer in die Schreibzeilen schreiben. Beim Schreiben der Ganzwörter werden auch die zu übenden Buchstaben eingekreist. Dadurch wird das Erkennen der Buchstaben im Schriftbild geübt.

Lösungsheft – Differenzierung

Die Lösungen können zur Selbstkontrolle oder zur Differenzierung verwendet werden. Folgende Differenzierungen sind möglich:

- Die Inhalte werden im Unterricht erarbeitet. Anschließend werden die Lösungen selbstständig eingetragen und mithilfe der Lösungsseiten kontrolliert.
- Die Schülerinnen und Schüler lesen zunächst die Lösungen. Dann legen sie diese beiseite und bearbeiten schriftlich die Aufgaben – und überprüfen wieder mit den Lösungen.
- Die Lösungen werden direkt in ein Übungsheft eingetragen. Danach wird selbstständig mit einem zweiten Heft gearbeitet.

Am Ende jedes Kapitels kann der Spracherwerb dokumentiert werden: In die Tabelle auf Seite 1 wird das Datum der „Vollendung" eingetragen.

Beilage Wörter-, Buchstaben-, Ziffernliste

- Die Beilage enthält auf einer Seite alle Einspurbuchstaben/-ziffern. Diese dient als Vorlage für noch nicht eingeführte Buchstaben der Ganzwörter.

Der farbige Silbentrenner

Silben sind die Bausteine der deutschen Wörter. Die zweifarbige Markierung in grau/schwarz macht die Struktur der deutschen Schrift sichtbar. Das erleichtert das Lesen und das Leseverständnis. Weitere Informationen zur Silbenmethode unter: www.silbenmethode.de

Farbliche Hinterlegung der Artikel

Die Artikel sind bei den Nomen gekennzeichnet. Bis zur Einführung der Schreibweise der Begleiter werden sie durch farbige Punkte markiert (blau = der, rot = die, grün = das, grau = die (Plural)), später werden die Artikel entsprechend farbig hinterlegt. So wird das korrekte Einprägen der Artikel von Beginn an unterstützt für ein korrektes Erlernen der deutschen Sprache.

Wortschatz

Der Wortschatz ist stark reduziert. Die Konzentration liegt auf der Einführung der Schrift. Thematisch orientiert sich er sich am Übungsheft Willkommen in Deutschland – Deutsch als Zweitsprache für Jugendliche. Der Wortschatz befindet sich auf der Kartonbeilage.

Beilagen zum Herausnehmen

- Lösungsheft
- Wörterliste mit Einspurbuchstaben und -ziffern

1

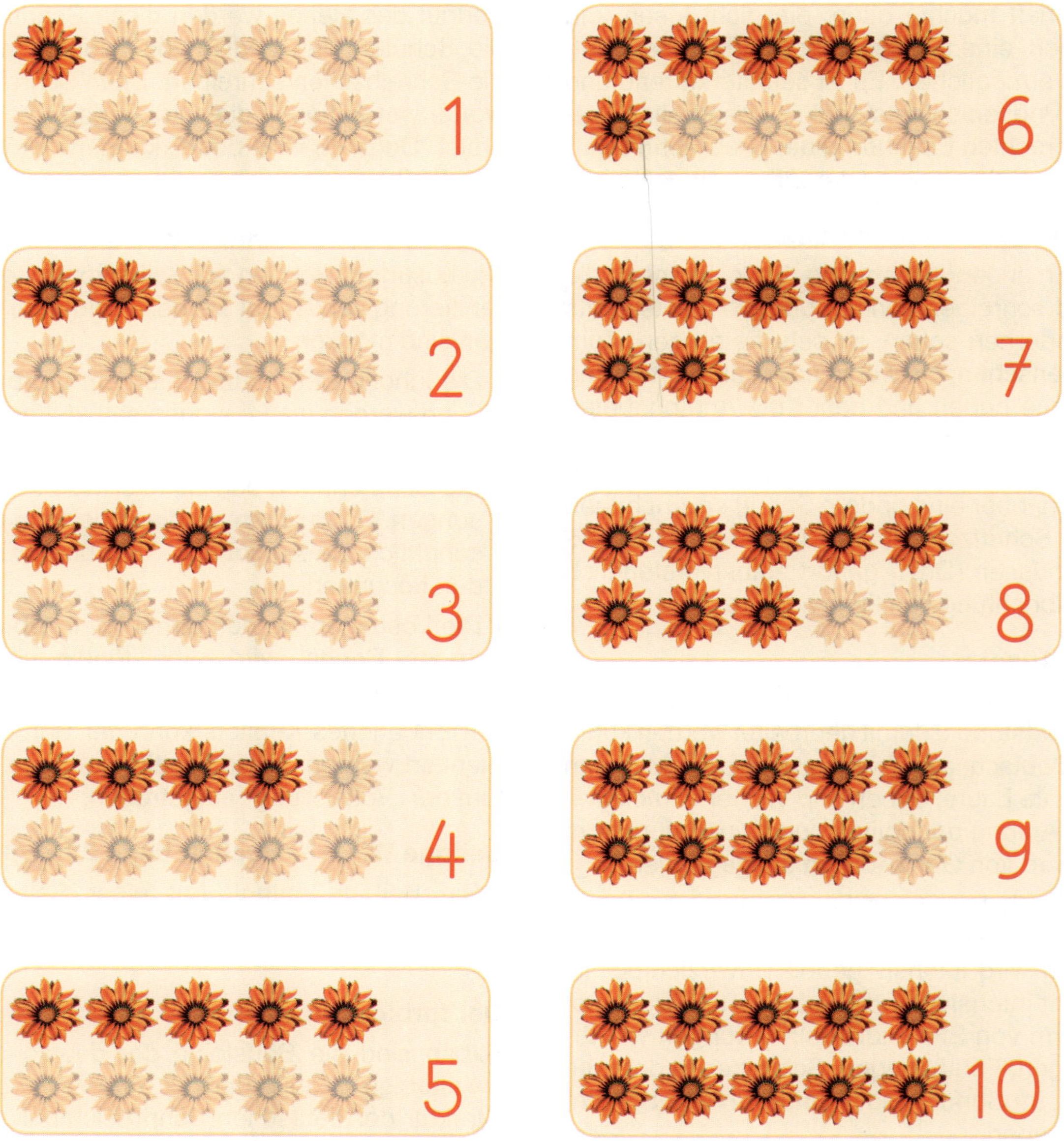

2

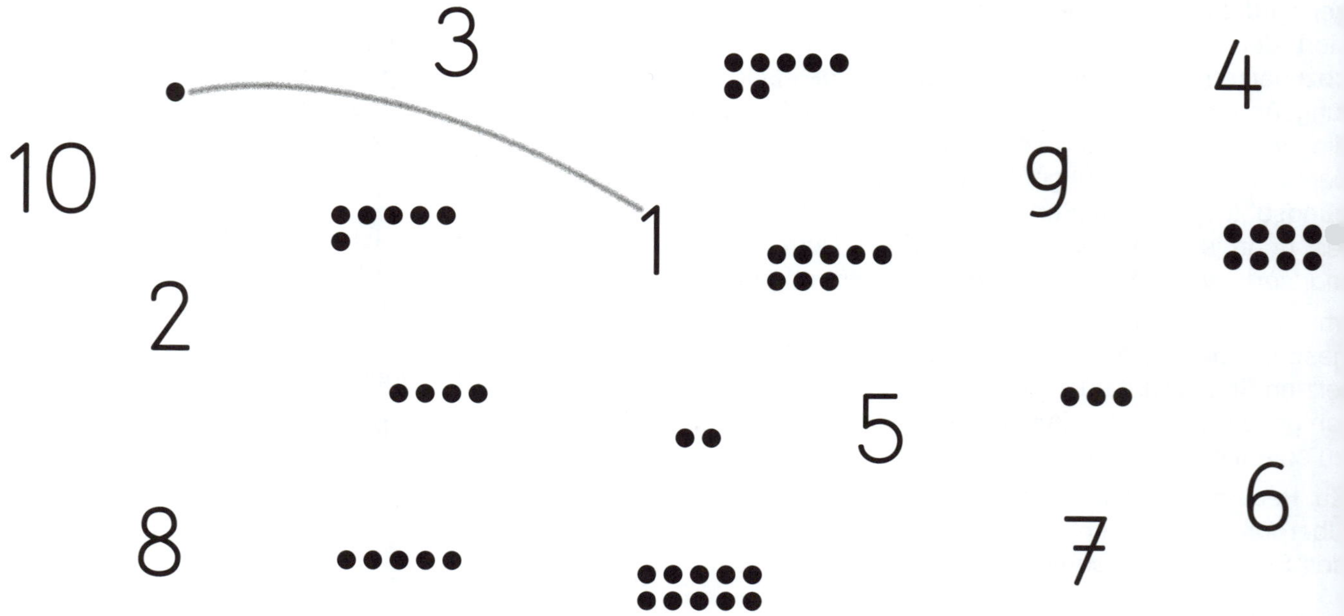

Zahlen 1 – 3

1

2

3

1

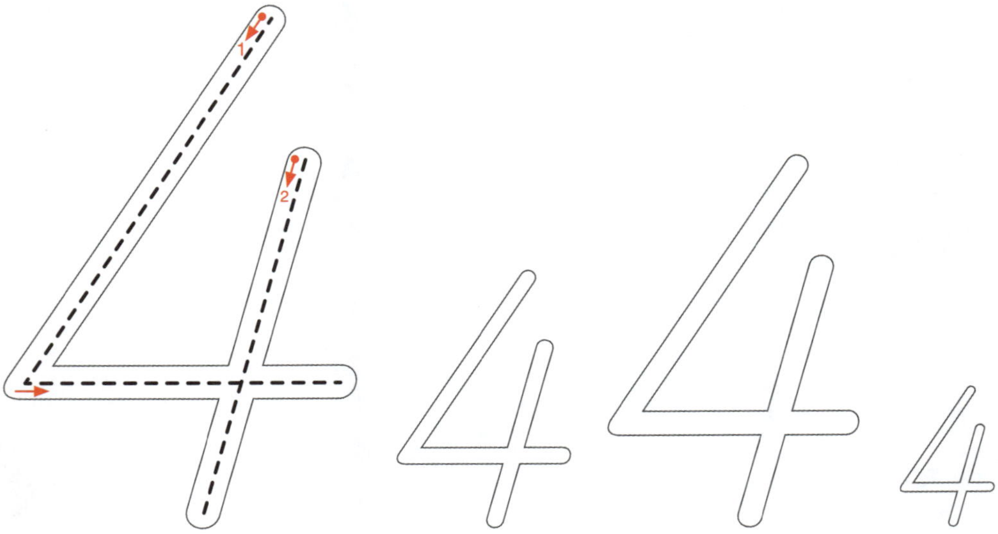

2

3

1

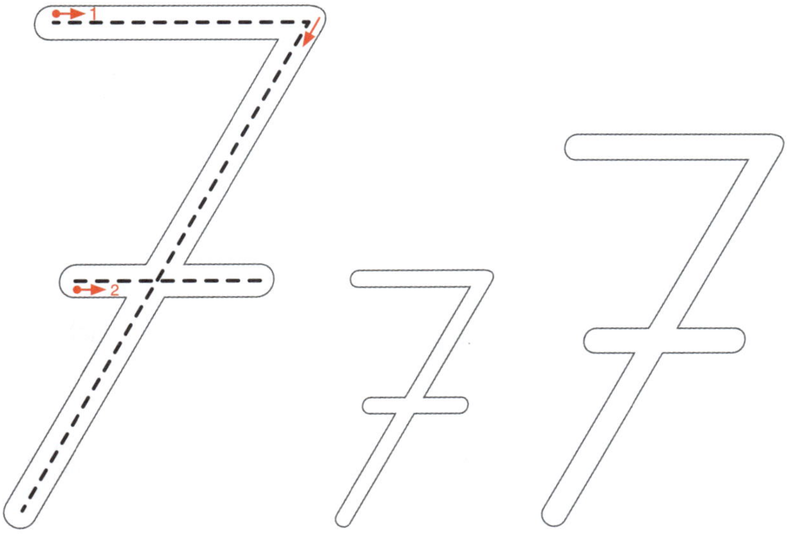

2

3

1

10 10 10

2

1	2	3	4	5
6	7	8	9	10

3

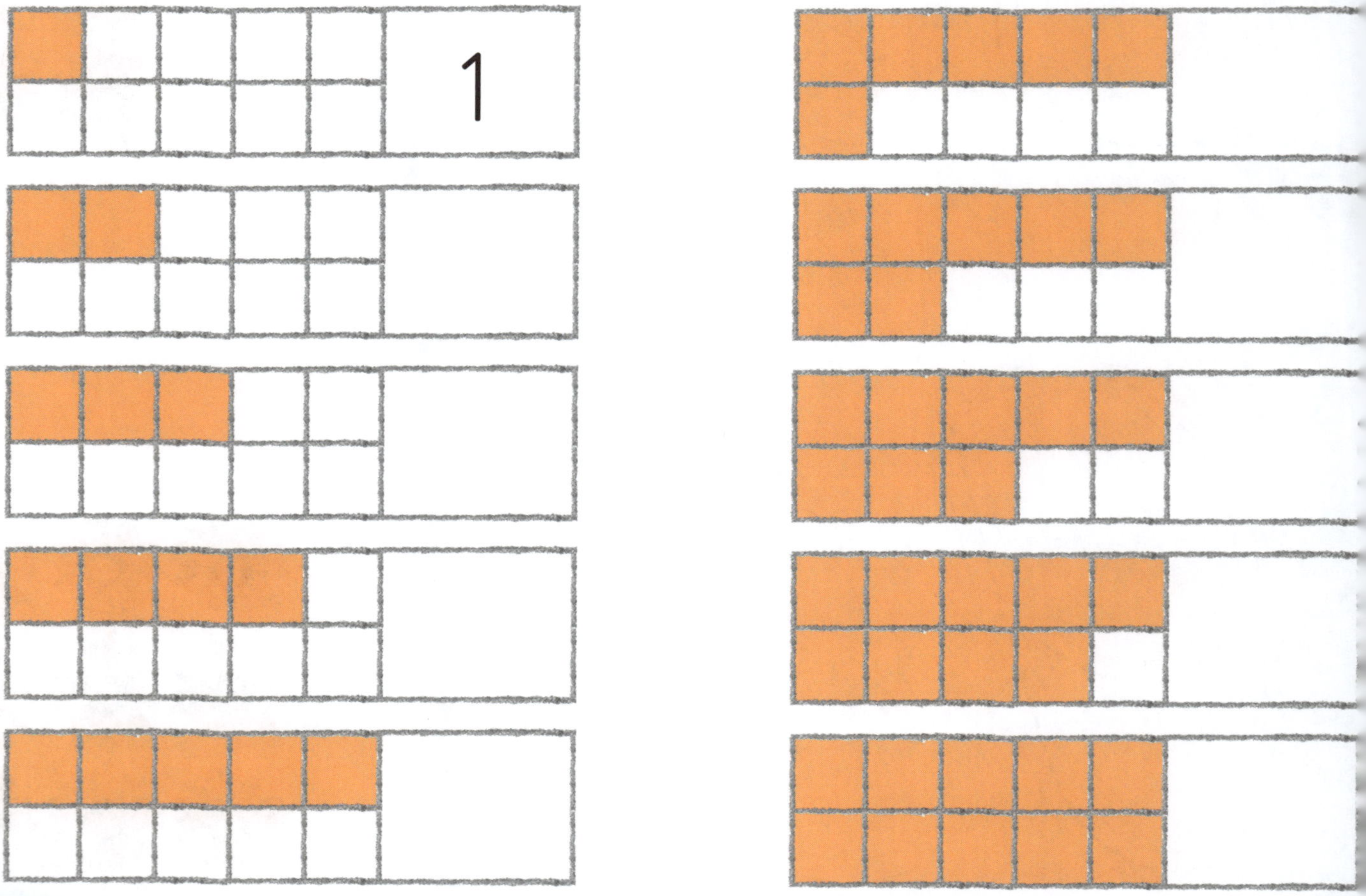

Zahlen nachspuren und Anzahlen erkennen

Zahlen 1 – 10

1

	1		6
	2		7
	3		8
	4		9
	5		10

2

	3		2
	6		4
	8		1
	7		5
	10		9

1

1	eins	6	sechs
2	zwei	7	sieben
3	drei	8	acht
4	vier	9	neun
5	fünf	10	zehn

2

sieben zwei zehn

eins 1 2 3 4 vier

5 7 10

acht 6 8 9 drei

neun fünf sechs

Zahlwörter: Einführung e, v

1

e e v v

2

e e v v

e e v v

e e

v v

3

10 zehn zehn

6 sechs sechs

4 vier vier

4

10 6 4 10 6 4

1

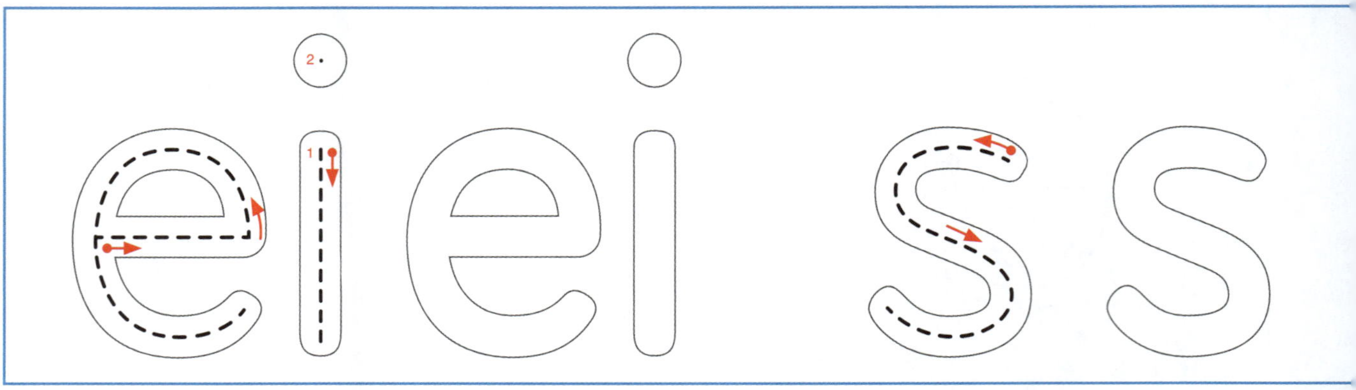

2

ei ei s s

ei ei s s

ei ei

s s

3

1 eins eins

2 zwei zwei

6 sechs sechs

4

1 2 6 1 2 6

Einführung Buchstaben ei und s; Buchstaben finden, nachspuren und schreiben

Zahlwörter: Wörter nachspuren

1

1	eins	eins eins eins
2	zwei	zwei zwei zwei
3	drei	drei drei drei
4	vier	vier vier vier vier
5	fünf	fünf fünf fünf
6	sechs	sechs sechs
7	sieben	sieben sieben
8	acht	acht acht acht
9	neun	neun neun
10	zehn	zehn zehn zehn

1

5

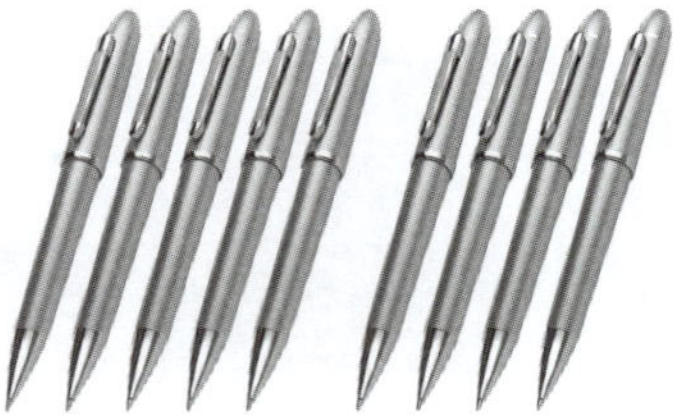
9

2

7

6

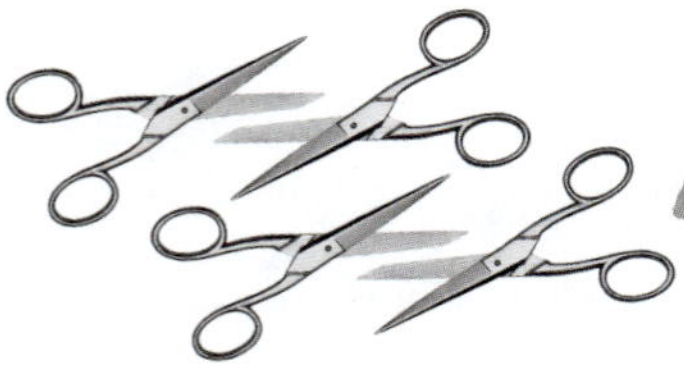
4

10

8

1

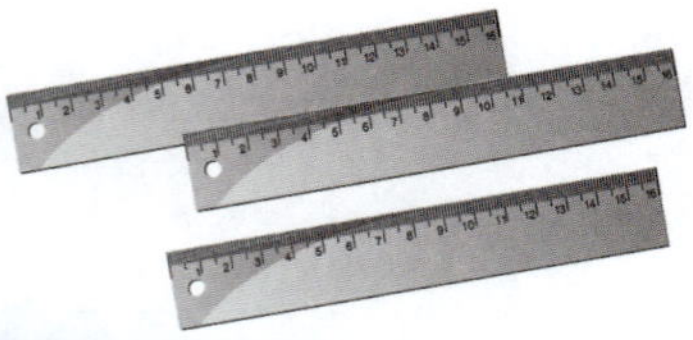
3

Farben: Einführung

1

2

1

a a a u a u

2

a a au au

a a au au

a a

au au

3

 schwarz schwarz

 braun braun

 blau blau

 grau grau

4

Einführung Buchstaben a und au; Buchstaben finden, nachspuren und schreiben

Farben: Einführung n, o, b

1

n n o o b b

2

n n

o o b b

n n

o o b b

3

braun braun

rot rot

blau blau

4

1

w w ß ß

2

w w ß ß

w w ß ß

w w

ß ß

3

weiß weiß

schwarz schwarz

4

Farben: Wörter nachspuren

1

 blau blau blau blau blau blau

 braun braun braun braun braun

 gelb gelb gelb gelb gelb gelb

 grau grau grau grau grau grau

 grün grün grün grün grün grün

 weiß weiß weiß weiß weiß

 schwarz schwarz schwarz

 rot rot rot rot rot rot rot rot

2

grün rot  gelb

schwarz blau weiß

braun grau

1

blau

2

In der Schule: Einführung

1

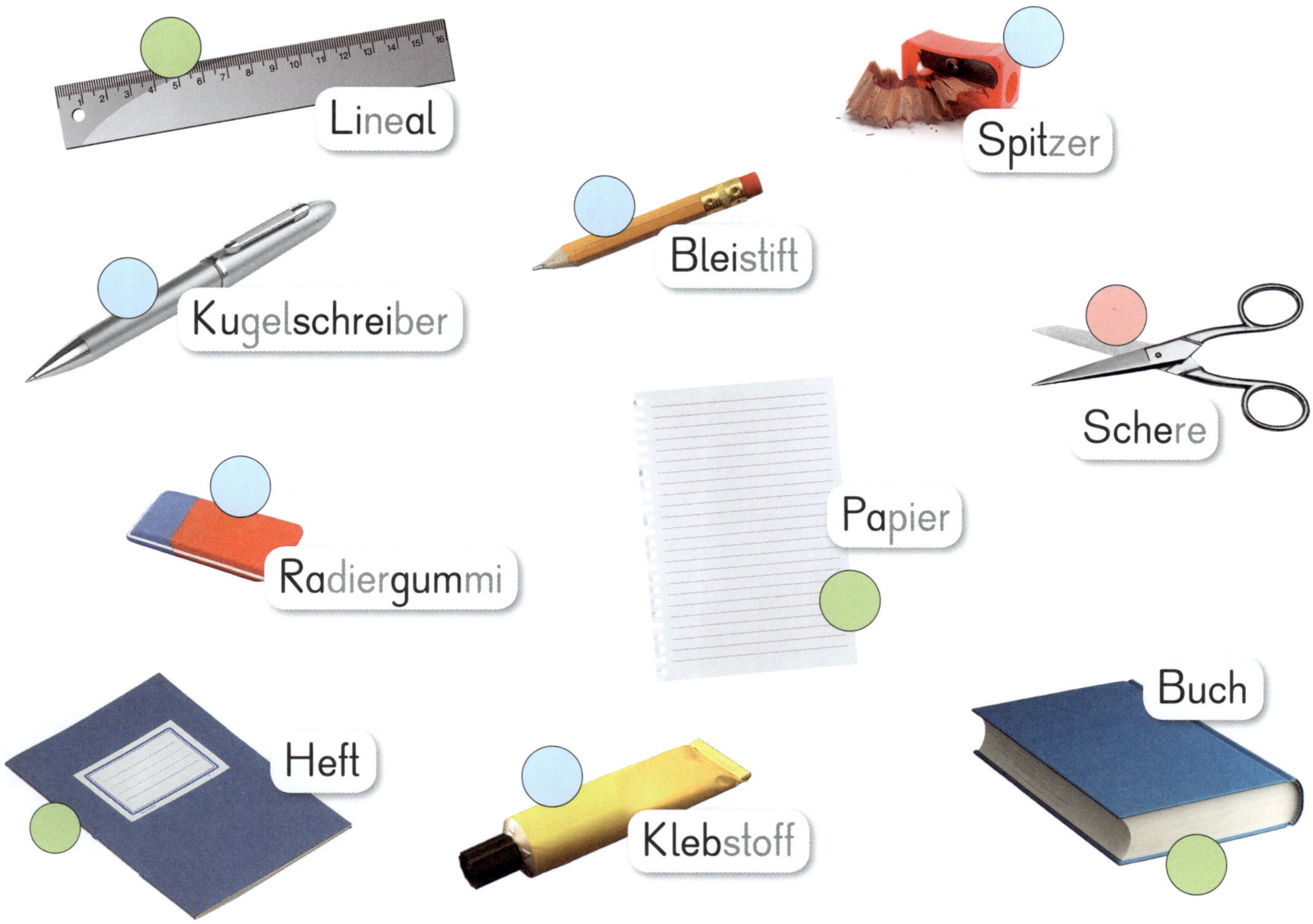

2

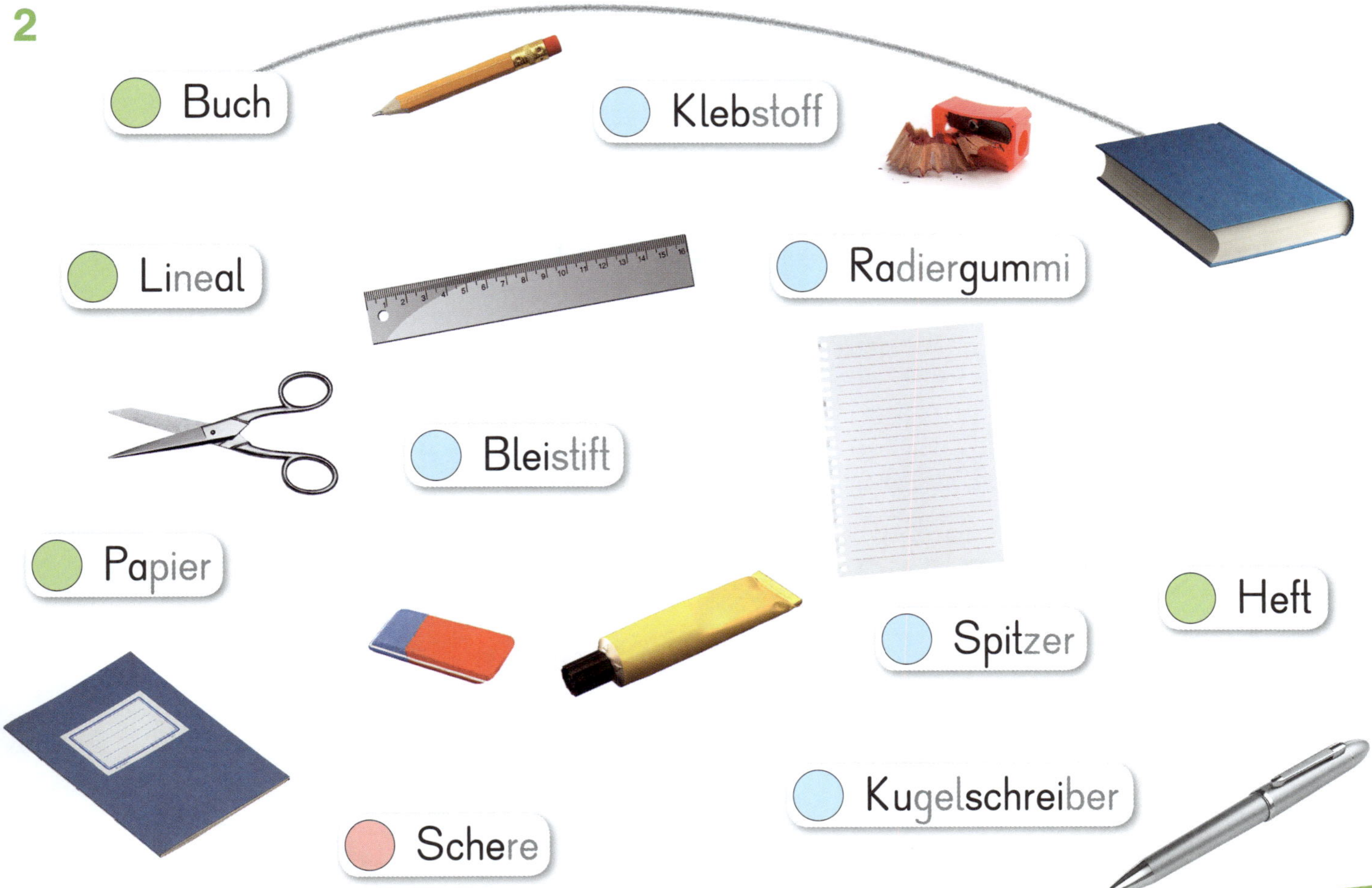

1

B B u u g g

2

B B

u u

g g

B B

u u g g

3

Buch Buch

Bleistift Bleistift

Kugelschreiber Kugelschreiber

4

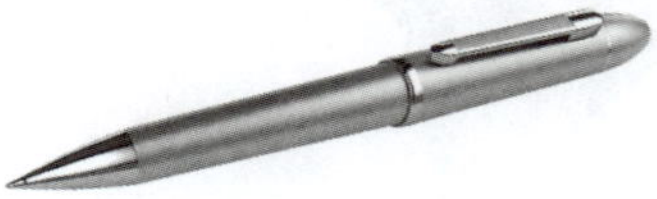

Einführung Buchstaben B, u und g; Buchstaben finden, nachspuren und schreiben

In der Schule: Einführung t, tz

1

t t tz tz

2

t t

tz tz

t t

tz tz

3

Heft Heft

Bleistift Bleistift

Klebstoff Klebstoff

Spitzer Spitzer

4

1

P P i i ie ie

2

P P

i i ie ie

P P

i i ie ie

3

Papier Papier

Lineal Lineal

Bleistift Bleistift

Spitzer Spitzer

4

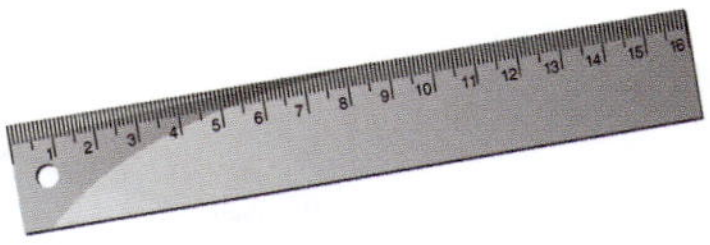

Einführung Buchstaben P, i und ie; Buchstaben finden, nachspuren und schreiben

1

l l sch sch

2

l l

sch sch

l l

sch sch

3

Lineal Lineal

Bleistift Bleistift

Klebstoff Klebstoff

Kugelschreiber Kugelschreiber

4

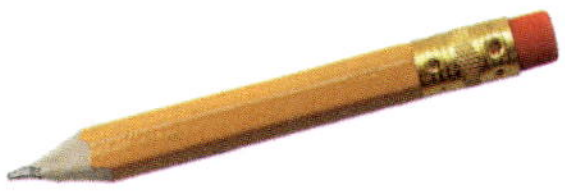

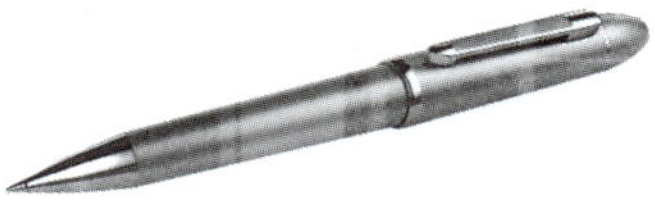

1

st st L L

2

st st

L L

st st

L L

L L st st

3

Bleistift

Klebstoff

Lineal

Bleistift

Klebstoff

Lineal

4

Einführung Buchstaben st und L; Buchstaben finden, nachspuren und schreiben

In der Schule: Wörter nachspuren

1

Bleistift — Bleistift

Klebstoff — Klebstoff

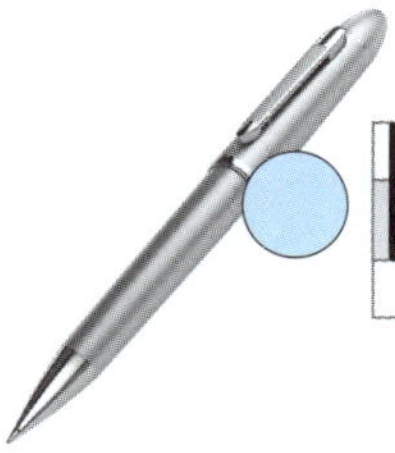
Kugelschreiber — Kugelschreiber

Radiergummi — Radiergummi

Spitzer — Spitzer

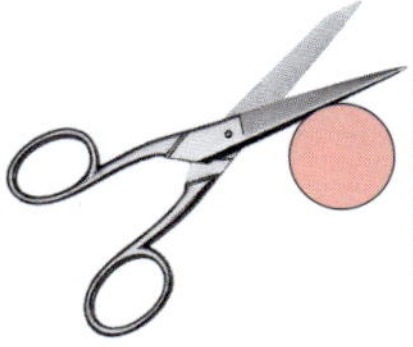
Schere — Schere

Buch — Buch

Heft — Heft

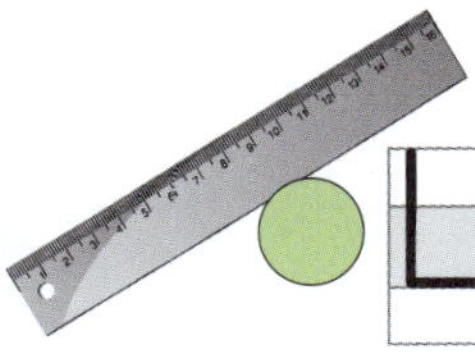
Lineal — Lineal

Papier — Papier

In der Schule: Wörter schreiben

1

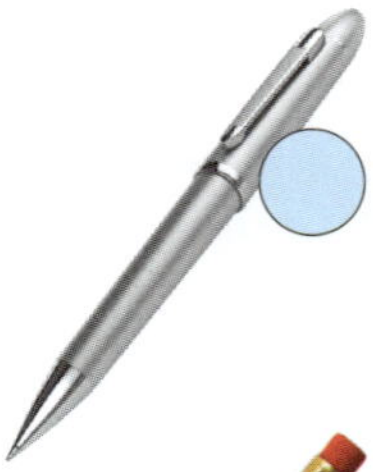

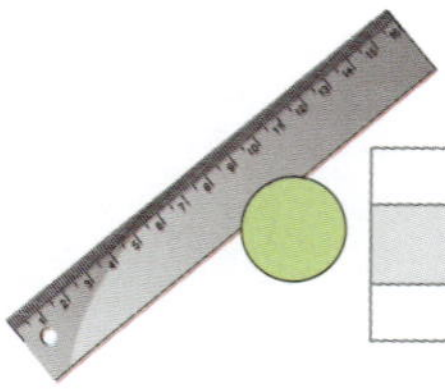

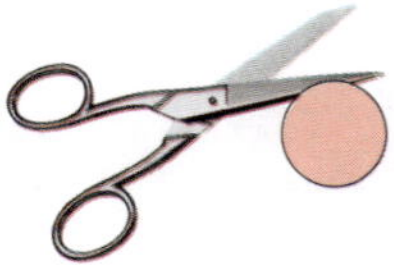

Zu Hause: Einführung

1

2

1

Z Z z z r r

2

Z Z z z

r r

Z r Z r

z r z r

3

Garten Garten

Garage Garage

Zimmer Zimmer

Schlafzimmer Schlafzimmer

4

Einführung Buchstaben Z, z und r; Buchstaben finden, nachspuren und schreiben

1

Sch Sch G G

2

Sch Sch G G

Sch Sch

Sch Sch

G G

G G

3

Garten Garten

Garage Garage

Schlafzimmer Schlafzimmer

4

1

W W H H

2

W W

H H

W W

H H

3

Haus Haus

Heft Heft

Wohnzimmer Wohnzimmer

4

Einführung Buchstaben W und H; Buchstaben finden, nachspuren und schreiben

Zu Hause: Wörter nachspuren

1

Garten Garten

Keller Keller

Garage Garage

Küche Küche

Toilette Toilette

Bad Bad

Haus Haus

Schlafzimmer Schlafzimmer

Wohnzimmer Wohnzimmer

Zimmer Zimmer

2

- Küche
- Bad
- Haus

- Wohnzimmer
- Garten
- Keller

- Zimmer
- Garten
- Garage

- Küche
- Haus
- Wohnzimmer

Zu Hause: Wörter nachspuren; Artikel und Wort-Bild zuordnen

1

2

- ◯ Küche
- ◯ Bad
- ◯ Schlafzimmer

- ◯ Wohnzimmer
- ◯ Garten
- ◯ Keller

- ◯ Zimmer
- ◯ Garten
- ◯ Garage

- ◯ Toilette
- ◯ Haus
- ◯ Wohnzimmer

Einkaufen: Einführung

1

Bäckerei

Blumenladen

Apotheke

Metzgerei

Supermarkt

Drogerie

Bank

Schuhladen

Marktstand

Kleiderladen

2

Apotheke

Marktstand

Blumenladen

Metzgerei

Drogerie

Bank

Schuhladen

Supermarkt

Kleiderladen

Bäckerei

1

M M k k

2

M M

M M

k k

k k

3

Metzgerei Metzgerei

Apotheke Apotheke

Marktstand Marktstand

Supermarkt Supermarkt

4

Einführung Buchstaben M und k; Buchstaben finden, nachspuren und schreiben